ZHICHANG

QISHI   HENJIANDAN

"这本书，可以改变你的职场命运！"

职场可以很复杂，其实也可以很简单。

"种瓜得瓜，种豆得豆。"

如果你是负面地看待这个职场，你的职场前景就是负面的。但是如果你积极地看待职场上的人和事，或许你就能走出你精彩的人生。

态度决定一切，职场其实很简单！

——《丁约翰的打拼》

职场 ZHICHANG
其实很简单

让你在职场立于不败之地的10大黄金法则

·张素军 ◎编著·

北京理工大学出版社
BEIJING INSTITUTE OF TECHNOLOGY PRESS

图书在版编目（CIP）数据

职场其实很简单/张素军编著. —北京：北京理工
大学出版社，2010.8
ISBN 978-7-5640-3258-6

Ⅰ.①职… Ⅱ.①张… Ⅲ.①职业选择-通俗读物
Ⅳ.①C913.2-49

中国版本图书馆 CIP 数据核字（2010）第 106067 号

出版发行／北京理工大学出版社
社　　址／北京海淀区中关村南大街 5 号
邮　　编／100081
电　　话／（010）68914775（总编室）　　68944990（批销中心）
　　　　　 68911084（读者服务部）
网　　址／http：//www.bitpress.com.cn
经　　销／全国各地新华书店
印　　刷／北京市通州京华印刷制版厂
开　　本／710 毫米×1000 毫米　　1/16
印　　张／15
字　　数／198 千字
版　　次／2010 年 8 月第 1 版　2010 年 8 月第 1 次印刷　责任校对／陈玉梅
定　　价／28.00 元
　　　　　　　　　　　　　　　　　　　　　　　责任印制／母长新

图书出现印装质量问题，本社负责调换

序 言

做一棵永远成长的苹果树

职场其实很简单： 那就是学会做一棵永远成长的苹果树。

现实生活中，很多人把职场想得非常美好浪漫，无形之中提高了自己对待职场的期望，其实不然。如果你没有规划好自己的职场，加上那些对职场生涯复杂的不切实际的幻想，你就难免遇到各种各样的问题：工作不开心；没有前进的动力；工作不是自己想象的那么好；自己的才能无法发挥；看到以前的同学待遇如何如何，便受不了刺激，急切地想跳槽；当初为了生存而找的工作，根本就不适合自己……这就像下面故事中的苹果：

一棵苹果树，终于结果了。

第一年，它结了 10 个苹果，9 个被拿走，自己得到 1 个。对此，苹果树愤愤不平，于是自断经脉，拒绝成长。第二年，它结了 5 个苹果，4 个被拿走，自己得到 1 个。"哈哈，去年我得到了 10%，今年得到 20%！翻了一番。"这棵苹果树心理平衡了。

但是，它还可以这样：继续成长。譬如，第二年，它结了 100 个果子，被拿走 90 个，自己得到 10 个。

很可能，它被拿走 99 个，自己得到 1 个。但没关系，它还可以继续成长，第三年结 1000 个果子……

其实，得到多少果子不是最重要的。最重要的是，苹果树在成长！等苹果树长成参天大树的时候，那些曾阻碍它成长的力量都会微弱到可以忽略。**真的，不要太在乎果子，成长是最重要的。**

你是不是一个已自断经脉的职场人？

刚开始工作的时候，我们才华横溢，意气风发，相信"天生我材必有用"。但现实很快敲了我们几个闷棍，或许，我们为单位作了大贡献没人重视；或许，只得到口头重视但却得不到实惠；或许……总之，我们觉得就像那棵苹果树，结出的果子自己只享受到了很小一部分，与我们的期望相差甚远。

于是，我们愤怒、我们懊恼、我们牢骚满腹……最终，我们决定不再那么努力，让自己的所做去匹配自己的所得。几年过去后，我们一反省，发现现在的我们，已经没有刚工作时的激情和才华了。

"老了，成熟了。"我们习惯这样自嘲。但实质是，我们已停止成长了。

这样的故事，在我们身边比比皆是。

之所以犯这种错误，是因为我们忘记生命是一个历程，是一个整体，我们觉得自己已经成长过了，现在是到该结果子的时候了。我们太在乎一时的得失，而忘记了成长才是最重要的。

好在，这不是金庸小说里的自断经脉。我们随时可以放弃这样做，继续走向成长之路。

所以，作为职场中的人，即使遇到了不懂管理、野蛮管理或错误管理的上司或企业文化，那么，提醒自己一下，千万不要因为激愤和满腹牢骚而自断经脉。不论遇到什么事情，都要做一棵永远成长的苹果树，因为我们的成长比什么都重要。

我们**要把职场当成自己的事业来经营**。对于一个有抱负的员工来说，应该利用各种工作机会来增强自己的才干，把工作机会当成自己学习、锻炼的平台，对自己要求越严，能力就会发展得越快。要想把看不见的梦想变成看得见的事实，便要在工作中兢兢业业，把工作当成自己的事业来经营。强烈的敬业精神会将我们推上成功的良性轨道，并积极引导我们实现自己的人生梦想。

如果我们是一个愿意做一棵永远成长的苹果树的员工，**忠诚敬业，业务出众，勤勤恳恳**地去奋斗、去拼搏，而不是一个满腹牢骚、寻找各种美丽借口的员工，那么，即使我们出身卑微、地位低下，也同样能够成就不平凡的人生和事业。

本书总结做成长型员工的 10 大黄金法则，把复杂的职场生涯尽量简化，让大家对职场规则能有更深刻地认识和了解，为自己踏上成功之路奠定坚实的基础。世间之事，知易行难。但是，没有知，行会更难。我们相信：只要大家知晓并掌握这些职场法则，然后根据工作实际加以灵活运用，必将会让自己的职场之路更少弯路，更加通畅。

目
录

Part 1　忠诚服从——从职场立身的根本开始

要想在职场上立足，忠诚服从是最重要的一点。那些公司最欣赏的员工，那些最受重用的员工，历来都是那些服从于公司或企业理念、忠于自己本职工作或事业的员工们。所以，请你时刻记住，要想在职场上站稳脚，第一条简单的法则就是学会忠诚服从。

Part 2　敬业用心——把每一件分内分外的工作都做好

要使自己敬业，就必须把工作当成自己的事业，倾情于自己的工作，要具备一定的使命感和道德感。要从小处着眼，认真负责，一丝不苟，并且有始有终。要专业致志、满怀热情地投入工作，要争取比别人干得更多。如果我们在工作上能敬业，并且把敬业变成一种习惯，我们会一辈子从中受益，成为职场的真正王者。

Part **3** 业务出众——在工作中能够独当一面

领导是十分需要专家型下属的。因为领导不可能样样精通，要做好工作，他必须依赖这样的下属来保持组织的正常运转。没有专家型人才尽职尽责、严谨踏实的工作，领导便立刻成了一个毫无用处的人。因此，如果你能精通业务，成为一个专家型人才，你就会成为公司不可或缺的人才，在职场上永远拥有立足之地。

Part **4** 热忱负责——一分耕耘一分收获

现在的企业中，每个人都承受着巨大的压力，同事间的竞争、工作方面的要求，以及一些生活琐事，无时无刻不在冲击着我们。若没有热忱作支撑，你很快就会在这种重压下倒下来。反过来，热忱充满你的内心，让热忱做你"内心的神"，那么你将成为"职场上的神"，成为企业的优秀员工。

Part 5 不找借口——关键时刻挺身而出

要想成为一个优秀的员工，成为职场上受欢迎的人，就应该做到从不在工作中寻找任何的借口为自己开脱，而是努力把每一项工作尽力做到超出老板的预期，最大限度地满足老板提出的要求。同时他们对客户对同事提出的各种要求，也同样从不找任何借口推托或延迟。

Part 6 处处着想——以老板心态对待工作

如果你是老板，一定会希望员工能和自己一样，将公司当成自己的事业，更加努力，更加勤奋，更积极主动。因此，你要想在公司内立足，成为一个受老板青睐和信赖的人，你就必须学会以老板的心态对待工作，处处为公司着想，始终为公司努力。

Part 7　合作交流——借助集体的力量来完成工作

优秀员工要想成大事，必须学会合作，这样才可以弥补自己的不足，形成一股合力，掌握这种能力，才能让自己的事业不断向前。优秀员工如果能主动加强与同事间的合作，巧妙凭借集体的力量完成任务，你的前途将一片光明。

Part 8　创新学习——提升素质，解决难题

创新对于公司有着非常重大的意义。俗话说："流水不腐，户枢不蠹。"对于一个员工来说只有具备创新的能力，才能在公司中拥有稳定的地位，才

有可能受到老板的重视。一旦你停止了创新，停止了进取，哪怕你是在原地踏步，实质上却是在后退；因为你的竞争对手正在前进、在创新、在发展。这意味着你在职场中将处于一个危险的位置。

Part 9　请示沟通——学会与领导进行交往

只有接触才能影响，只有交流才能合作。领导与下属之间，是一个相互作用、相互影响的互动过程。适当的接触和交流是一条纽带，可以增强领导对你的印象，增加对你的各方面能力和才干的了解，从而为你与领导建立一种良好的上下级关系，为你在职场的发展奠定了一个很好的基础。而过分地疏远，只能使你的才能被埋没，给自己的发展造成了很大的不利。

Part 10 灵活处理——应对危机，超越自我

在职业生涯中总会遇到一些危机时刻，比如说领导对你发火，领导突然对你冷落，你与领导之间存在分歧，面临下属的竞争挑战，企业裁员的压力等，这时候，你必须学会冷静分析，针对领导的特点和当时的环境灵活处理，顺利渡过危机，使问题得到妥善解决。另外，在我们自身方面，则需要不断突破职业生涯的瓶颈，不断提高自己的能力，超越自己，使自己立于不败之地。

Part 1

忠诚服从
——从职场立身的根本开始

　　要想在职场上立足，忠诚服从是最重要的一点。那些公司最欣赏的员工，那些最受重用的员工，历来都是那些服从于公司或企业理念、忠于自己本职工作或事业的员工。所以，请你时刻记住，要想在职场上站稳脚，第一条简单的法则就是学会忠诚服从。

优秀的员工从忠诚开始

> 忠诚是一面永不褪色的旗帜，每个团队、每个集体都是靠它来生存和发展的。

法国著名的统帅拿破仑说过："不忠诚于统帅的士兵就没有资格当士兵。"美国麦克阿瑟将军也说过这样类似的话："士兵必须忠诚于统帅，这是义务。"这两句话说明了同一个道理：无论是在硝烟弥漫的战场上还是在竞争激烈的职场上，无论是士兵和将军之间还是员工和企业之间，忠诚是一面永不褪色的旗帜，每个团队、每个集体都是靠它来生存和发展的。

什么是所谓的优秀员工呢？这一点在不同的人心中也许有着不尽相同的界定，而让企业决定雇用一个员工的因素也各有不同；但是其中却有一点是大家都应明白的、一个亘古不变的真理——那就是忠诚。无论如何，忠诚都是必不可少的。要知道，没有哪一个企业会允许一个不为企业谋利员工的存在的。

一个某名牌大学的博士，他不但才华横溢，而且还兼具法律和工程管理两大热门学科的博士学位，这样一位优秀人才，本应是那种职场宠儿、事业更应早就飞黄腾达的。可他非但工作不顺，甚至还登上了多家企业的黑名单，成为了他们永不录用的对象。你肯定要问了，不可能吧？怎么会这样呢？原因其实很简单，他忘了两个字：忠诚。

毕业后，他很快被一家研究所录用从事技术开发工作。学问与才华在身，领导对他当然很重视了，而他自己也在几个月内就很快研发出了一项重要技术，前途看起来的确是一片光明。但事情并没有朝着预期的方向发展。

研究所不高的待遇很快让他觉得不满，于上他就私自带着那项技术跳槽到一家私企，并取得了公司副总的位置。如果一直做下去，前途仍然也还是很不错的。但是因为"忠诚"二字并不存在于他的心中，很快他就又有了新动作。

一年多后，他带着公司的绝顶机密再度跳槽了……他就这样又先后背叛了不下五家公司，很快当地那些有名的大公司都知道了他的大名与品行，"不忠"成为那些企业对他的一致评价，并纷纷将他列入黑名单中，几乎每一个了解他情况的老板都明确表示绝对不会聘用他。

这个故事告诉我们，不管你有怎样大的本事或能力，但如果你没有忠诚这项最基本的素质，那么你也不会受到任何一家企业的重用，相反你还很可能被企业或单位所嫌弃。

要知道，在现今这个注重能力的社会，有能力的人并不缺乏，相反那些既有能力又忠诚的人才是企业苦苦寻求的最理想人才。许多公司在招聘员工时，都把忠诚作为最重要的一项评估标准；如果让他们在忠诚和能力两者之间作一个选择时，忠诚永远会高于能力。一个没有忠诚的人是不可用、也不值得用的，因为一个忠诚的能力平庸者还可通过培养去提高其能力；但是一个不忠诚者，且不提有无能力，就是有能力，非但不能给企业带来效益，更多的时候可能带来伤害。

一个人若缺乏了忠诚，其他诸如计划、组织、控制、解决问题等诸多能力，都将失去用武之地。如果我们把计划能力、组织能力等所有能力的组合比作一个"技能仓库"的话，忠诚就是"技能运输的通道"，仓库中的技能，必须得通过忠诚这一运输通道，才能到达企业这个"价值仓库"。

忠诚比能力更强更高，因为有时能力达不到的地方，忠诚却可以让你胜利抵达——这就是忠诚的非凡魅力所在。忠诚是一个人安身立命的根本所在，这话是不一点不假的。且不论你的能力如何，你都首先应该学会并记住这两个字——忠诚。

忠诚让你在职场受益多

忠诚，让我们更快赢得企业的信任与重用，让我们的才华有更快得以发挥的机会。

忠诚不仅是一个人安身立命的根本，更是一个人的优势和财富。忠诚换回的是他人对你的信任与忠诚，会让你在工作和生活上得到诸多好处，让你的事业得以更顺利地发展。

一个普通工人家庭的男孩，为了减轻父母的生活负担，中学毕业后十几岁的他就走上了社会。为了挣钱，他摆过地摊，拉过蔬菜，后来被人介绍到一家外资企业做门卫。虽说只是一个小小的门卫，但由于这是他走向社会后的第一份正式工作，所以男孩十分珍惜这个机会，工作上很是认真努力。

企业的老板是一个应酬很多的人，每天回来得都很晚，以前他回来时面对的总是一扇紧闭的大门，喇叭响过多次，门卫才睡眼惺忪地前来开门。

在这男孩上班的第一天，老板又是很晚才回来，但是一看老板的汽车来了，还未等他按喇叭，男孩就已经走出了门卫室，打开了大门，并招呼老板进来了。可别以为男孩只是因为刚上班才故意如此表现的，事实是，在后来的日子里，男孩一直如此，没一天例外，不管工作是怎样的简单而乏味，他只是尽自己的一份职责，忠诚地完成自己的工作。

后来，老板感动于男孩的忠诚和敬业，让男孩做了他的私人司机，职位变动后的男孩更加忠诚尽职了，老板也就越发器重他了，有什么事总是放心地交给男孩去办，而男孩也总是不负所托。

后来，在一次被追尾翻车的事故中，男孩抢救出老板，并设法把老板送到医院，救了老板一命。事后老板为了感谢男孩，把企业五分之一的股份送给了男孩。

再后来，老板要出国，在临走前，老板建议男孩把股份变现去开创自己的事业。于是男孩开了一家酒店，在他以诚为本的经营前提下，生意做得很是红火，并越做越大，到30多岁时，他已经有了4家规模差不多的酒店和宾馆。

一个没有什么背景的年轻人，仅经过10来年的时间就积累起千万元的资产，这里边除了个人能力的因素外，如果没有外力的帮助也是很难取得成功的。可是外力的帮助又是如何而来的呢？

其实原因很清楚很简单，也正如男孩自己所说："是忠诚给我带来了运气，带来了贵人的帮助。"他才能很快走上成功之路。所以说是忠诚，让一个人的成功多了一份机会。

忠诚，让我们更快赢得企业的信任与重用，让我们的才华有更快得以发挥的机会；忠诚还给我们自己带了良好的声誉，让我们成为一个值得信赖的人、一个值得被委以重任的人。

当你因为忠诚，主动对企业负责并加倍付出时，企业也因之对你承担起了一份义务，也会更加忠诚地对待你，这时你就多了一份成功机会。正如一位成功者所说："自身价值的创造和实现依赖于忠诚。"

忠诚是一种职业的责任感，是一种职业的忠诚，是你承担某一责任或者从事某一职业所表现的敬业精神。但是现在不少的人，尤其是一些职场新人，工作时想到更多的只是如何让自己获得更大的收获、更快的成长。敬业在他们看来只是成为企业监督员工的一种手段，忠诚只是管理者愚弄他们这些下属的工具，认为从忠诚和敬业中受益的只是公司。事实真是这样吗？

当然不是了。忠诚确实是会让企业受益不少，但是却绝不仅仅有利于公司，你自己更是最终和最大的受益者。要知道信赖来自于忠诚，而成功很多时候更是源自于信赖。养成对事业高度的责任感和忠诚，会让你在逆境中勇气倍增，面对引诱不为所动；让你利用有限的资源发挥出无限价值的能力，争取到成功的砝码。

用实际行动来展示忠诚

当你真正为公司为老板着想时，他才会为你着想，你也才能得到你想要的利益。

忠诚不是张口就来，只是嘴中说说的空话，是需要经受考验的。你忠于公司吗？如何能证明你是忠诚的呢？

要想体现你的忠诚那就需要你用实际的行动来表明和展示，那么具体该如何来做呢？下面这儿点就是要告诉你如何在工作中更好地展现出你的忠诚，让你的领导认识到你的忠诚，意识到你是一个绝对可信任、可大胆使用的忠诚之人。

1. 树立"一切为公司利益着想"的思想

在工作中，要时刻把公司的利益摆在第一位。要知道，你是公司一员，公司发展了，你才能更好地发展；相反，若公司垮了，你也不可能得到什么好下场。

有两个刚走出校门的年轻人出外闯荡，没有什么学历的他们一直找不到什么合适的工作；后来无意中在一家工地找到一个临时工的工作：捡钉子。

几天工作下来，其中一个年轻心中默默地给老板算了一笔账，发现老板这样使用他们两个人根本就是赔钱的，于是他不顾同伴的反对找到老板向他反映了这一事实。

没想到，老板却是故意为之。他当然知道雇用是赔本的买卖，他真正需要的是一个为他着想的施工员，为了确定是否真正是自己需要的人才，他才给了两人一个考验。

最后的结果可想而知了，向老板反映事实的年轻人被留下来做起了施工员，另一个则只能再去重新找工作了。当你真正为公司为老板着想时，他才会为你着想，你也才能得到你想要的利益；如果你只考虑自己的利益而一点不考虑公司或老板的利益，那么你的下场也就可想而知了。

树立一切为公司着想的思想，把公司利益放在大于个人利益的位置，需要时宁可牺牲自己的利益也要保全公司的利益；面对一些不正当的诱惑，要敢于说"不"，这样你才会得到公司信任，也才能够让领导对你委以重任。

2. 工作中多一些稳定性，不要随意跳槽

在初到一个工作岗位时，公司和领导对你的能力等各方面还认识不够，仍处于一种观察期，这个时候可能你并不会很快受到重用；面对这种情况时，一些人就认为公司或领导不识人，进而很快生出离去之意，跳槽而走。其实这种情况下，受损失的只能是你自己，要知道任何一个公司都不可能在尚不了解时就给予你重任的。

一个工商管理专业的硕士应聘到某大公司做部门经理，老板给了他一个考察期，他同意了。没想到的是，他却首先被安排到了基层商店去站柜台，做销售代表的工作，而且是一做几个月。一开始他觉得自己这完全是大材小用，心中很是不满，只是不想这么快离去给人自己没有一点耐性的坏印象。

没想到，三个月坚持下来后，老板很快派他全面承担起了部门的所有职责。在这期间，他才发现那三个月的基层工作经验，给他在团队工作中带来了多么大的好处，很快他就带领团队取得了良好的业绩。半年后，公司经理调走了，他得以提升；一年以后，公司经理另有任命，他就被提升为总裁。

在谈起往事时，他颇有感慨地说："当时忍辱负重地工作，心中有很多怨言。但是我知道老板是在考验我的忠诚度，于是坚持了下来，最终赢得了老板的信任。"

3. 熟悉业务，努力把本职工作做到最好

熟悉自己工作业务，努力把工作做好，这是身为一名员工的最起码要求，同时也是表现自己对企业忠诚的最佳方式。

如果你对自己的工作不够了解，业务不够熟练，工作无从开展，这样你的存在有何必要呢？业精于勤，无论从事什么行业，都应谨记这个道理。精通所在行业的方方面面，你会比别人更出色。了解工作中的每一个细节内容，并努力将它做到最好，在你赢得良好声誉的同时，也为将来的大展宏图播下了希望的种子。

4. 尽力为企业的发展出谋划策

做好本职工作外，若更多地关注公司的发展和成功，这样的忠诚度会让你达到超出想象的高度。在那些领导想不到、听不到、做不到的地方，你想到了、听到了，然后告诉领导，并为他做到了，那么你在他心中的忠诚当然也就达到了无与伦比的地步了。

最后仍要强调，工作必须竭尽全力，才有可能在仕途上节节攀升。一个人只要在工作中找到乐趣，就能忘记所有辛劳，并视之为身心的愉悦，长此以往，也就找到了开启成功之门的钥匙。优秀员工只要保持忠于职守、善始善终的工作态度，即使从事的是最低微的工作，也能放射出无限的光芒，从而最终受到领导的重用。

学会服从已作出的决定

一个高效的团队必须有良好的服从观念，一个优秀的员工也必须有服从意识。

"恭敬不如从命"，这一中国古老的至理名言，告诫我们：在职场上，服从上级是一个非常重要的法则。下级服从领导是上下级开展工作、保持正常工作关系的前提，是融洽相处的一种默契，也是领导观察和评价自己下属的一个尺度，更是下级得到领导重用的一个不可或缺的要素，是在职场立足的法宝。

服从，这是美国西点军校对学员的训诫和要求。服从，在西点人的观念中是一种美德。每一位员工都必须服从领导的安排，就如同每一个军人都必须服从指挥一样，服从是行动的第一步。

企业一方面要强调发挥员工的创造力和主观能动性，但是，这并不违反服从的原则。从根本上说，领导是领导，员工就是员工，在具体的工作上每个人都要有意识地服从领导。如果在一个企业里，每个员工都不按照领导的命令行事，各做各的，那整个企业就成了一盘散沙。所以，即使员工有什么不同意见，可以在上级没有作决定前，给出提议。一旦上级决定了，任何员工都要服从决定。

一个团队，如果下属不能无条件地服从领导的命令，那么在达成共同目标时，则可能产生障碍；反之，则能发挥出超强的执行能力，使团队取得惊人的成果。因为你是员工，是下属，处在服从者的位置上，就要遵照老板的指示做事。服从的人必须暂时放弃个人的独立自主，全心全意去遵循公司的价值观念。一个人在学习服从的过程中，对本公司的价值观念、运作方式，才会有更透彻的了解。

一个高效的团队必须有良好的服从观念，一个优秀的员工也必须有服从意识。因为老板的地位、责任使他有权发号施令；同时整个企业的权威、整体的利益，不允许员工抗命而行。

可见，不找借口地服从并执行企业的决定，这才是企业所期望的好员工。所以，要想在职场中取得更好地发展，就要学会服从。懂得服从，才能在职场中找到更多的发展机遇。

坚持好服从第一的原则

暂时的忍耐，巧妙的服从，也是一种人生策略。

在一些公司里，经常有一些纪律观念淡薄，服从意识差的人。他们是领导最感头疼的"刺儿头"或"渣子头"。这些人或是身无所长，进取心不强，对领导的吩咐命令满不在乎；或是自以为怀才不遇，恃才傲物，无视领导。无论事出何因，他们一律都是在领导面前昂着高贵的头，家事、国事、天下事都可在他大脑中"存档"，唯有领导的命令不在此列。比如一天中午，办公室的领导问同事蒋执浩："小蒋，我让你复印的资料怎么样了？"蒋执浩三分惊讶七分漫不经心地反问："复印什么资料？"当着其他下属的面，这位领导很丢面子，气呼呼地训斥道："你怎么对我说过的话这样不放在心上！"照常理而论，蒋执浩应立刻道歉，找一个台阶给领导下，待领导稍微息怒，迅速去把资料复印来交给他。这样，领导再火大也会阴转晴，顶多再训他两句后还是面带笑容，年轻人事情多，领导一般会谅解他们的疏漏的。但这位蒋执浩却既没有道歉，也没立即去复印，而是屁股一扭，逃之夭夭。

这些"刺儿头"表面看来，超凡脱俗，潇洒自在，实则是自己有意识地与领导划出了一条鸿沟，不利于自己的事业发展，也不利于组织内的团结和相处。因此，"刺"万万不可长，进取之心万万不可消。你不是才高八斗吗？敬请谨记：谦受益，满招损。有些人在某一方面，定会有领导所远远不及的才气，但只有与领导融洽相处，小心服从，大胆探索，才会让领导充分领略你的才华，为你提供发展的机会，才能不断晋升，以才高德厚得到领导的器重。你越是自视怀才不遇，感叹世无伯乐，越是阻断了展现自己才能的道路和机会，你不跑一步之遥，即使伯乐常在，又怎能发现你这匹千里马呢？对于才气不佳者，更应有李白"天生我材必有用"的自信和洒脱，应有活到老学到老的毅力和韧劲，而不应甘于沉沦，成为领导眼中又臭又硬的绊脚石。

许多有工作经验的人都有这样一种深刻体会：服从一次容易，事事依从领导却很难。工作时间长的人几乎都曾有过刁难领导、违背领导命令的经历，虽然在平时他们大多数都能很好地与领导相处。

人的生命，总是在满与不满、愿与不愿的无休止交织中消磨、延续。满座笑语，独一人向隅而泣的滋味，几乎每人都品尝过。身临此境，也许你的忍耐力更有效。你可以巧妙地表示自己的不满，但绝不可抗拒。你以自己的宽阔胸怀，坚持服从为第一的原则是聪明之举。这样做，使领导心里雪亮，你在情感上掩藏着极大的不满，但理智地执行了他的决定。对你的气度和胸怀，他也不得不佩服甚至敬重之情油然而生。你暂时的忍耐，铸就了来日更灿烂的辉煌。否则，顶顶撞撞，使自己与领导的关系在某个特定时段陷入紧张状态，进入不愉快的氛围之中。缓和、改善这种僵局所付出的代价可能比你当初忍辱负重的服从还要大出几倍或几十倍。"早知今日，何必当初"的感喟为时晚矣！须知，没有哪一个人会永远顺利，一味满足。暂时的忍耐，巧妙的服从，也是一种人生策略。

服从也有善于服从、善于表现的问题。细心的人都可能会发现这样一个事实：在企业里，同样都是服从领导、尊重领导，但每个人在领导心目中的位置却大不相同，何也？这一问题的关键是能否掌握服从的艺术。有的人肯动脑子，会表现，主动出击，经常能让领导满意地感受到他的命令已被圆满地执行，并且收获很大。相反，有的人却仅仅把领导的安排当成应付公事。被动应付，不重视信息的反馈，甚至"斩而不奏"，甘当无名英雄，结果往往是事倍功半。

服从第一应该大力提倡，善于服从，巧于服从更不应忽视。因为，在丰收的田野上，农夫有理由让人记住他挥洒的汗水和不辍的辛劳。这不是虚荣，这是一种人生应有的职责。

服从也需要讲究点策略

> 服从也是一种受益的事情，
> 除非有特殊的情况，否则对领导
> 反抗、顶嘴，都是下属的败笔。

当然，在职场中，服从于领导也要讲究策略，这样才有可能让你事半功倍。接下来我们不妨谈一谈这些要掌握的要领。

1. 既要会说也要会做

在实际工作中，你既要具有实干家的精神，同时又要具备一定的表达能力，光说不做或者光做不说都不会得到老板的欣赏与信任。力求在工作中既能说又会做，这才是你成功获取老板信赖的第一要领，也是你在工作中必备的能力。

不会表达自己思想的人，只能得到一个"老实人"的名声，而这对于他的发展没有多大的意义。对这样的"老实人"老板一般是不会轻易信赖的，更不用说得到老板的赏识和重用了。与前一种类型截然相反的人就是那种只说不做的人，他们往往只是"君子动口不动手"，"说"成为他们最主要的工作方式。当然，若一个人经常大言不惭，说要做这做那，但一旦具体要他去做某件事时却迟疑不前，典型的"光说不练"，也是不会令老板信赖的。在工作中，支柱型员工如果能得到老板的信赖，那么对你事业的成功将有"事半功倍"的效用。

2. 勤于向领导汇报工作

许多人都听到过领导的批评和抱怨，而这些批评和抱怨中有一大部分来自于领导对自己的不信任，这种情况的存在将十分不利于上下级关系的处理，也不利于工作的顺利进展。领导也许会当面或背后抱怨自己的员工，"这个人，让人实在没法说"，"那个人，真叫人伤脑筋"，或者说，"你怎么总是这样呢？"等。如果领导用这样的话来批评或抱怨自己的员工，他说这些话的原因，在很多情况下都不是指员工的工作能力不强，也不是说员工工作业绩不好。相反，员工的工作能力很强，工作业绩也很突出。但员工在其他方面，特别是在一些细节问题上却老使领导感到不安，结果失去了领导的信任。这种情况在现实中并不少见。

这种能力很强的员工为何会失去领导对他的信任呢？出现这种情况的原因在于：这种类型的员工因工作驾轻就熟，而往往忽略了领导的存在，其中最重要的就是没有及时向领导汇报工作。

其实，勤于向领导汇报工作是一件非常容易做到的事。只要你在完成任务时，经常向领导汇报自己的工作进程或遇到的情况，领导就不会因此而对你产生过多怀疑，也不会认为你不尊重他了。相反，如果你因为这些举手之劳的事得罪了你的领导，而让他对你产生许多不利的怀疑和猜测，并且做出一些对你非常不利的举动来，那么这样就太不值得了。聪明的你一定能够分清孰轻孰重吧？既然如此，为何还不赶快行动起来呢？

员工勤于向领导汇报工作即可以减少领导对自己的猜疑之心，令领导对自己产生信赖的感觉；同时还可以加强彼此间的沟通，令上下级的关系更加亲近、融洽。

服从也是一种受益的事情，除非有特殊的情况，否则对领导反抗、顶嘴，都是下属的败笔。这是螳臂当车，自不量力。因此，要多注意领导的好处与长处，使自己心服于他。为自己的将来与本身的利益考虑，纵然只是表面的心悦诚服，只要表现出来，慢慢地就能产生类似的心境了。

当你想辞职的时候，想一想养老金、再就业这两个问题，是否会觉得再爬高几层职位，对自己更有利呢？物质生活过得充裕，精神生活才能安定。赶快把"不为金钱,只为适得其所,善尽其才"的论调抛诸脑后,埋头努力工作吧!对领导的指示忠实地去执行。让直属领导嫌恶、讨厌,对自己有什么利益?别的部门会欢迎你去吗?其他公司会主动来挖墙脚吗?白日梦还是少做,看得实际一点吧。凡事只要退一步想,就会海阔天空。

　　总之,要善于领会领导的个性与想法,配合甚至能够说动领导来行动,这种类型的员工绝不会吃亏。

Part 2

敬业用心

——把每一件分内分外的工作都做好

要使自己敬业，就必须把工作当成自己的事业，倾情于自己的工作，要具备一定的使命感和道德感。要从小处着眼，认真负责，一丝不苟，并且有始有终。要专业致志、满怀热情地投入工作，要争取比别人干得更多。如果我们在工作上能敬业，并且把敬业变成一种习惯，我们会一辈子从中受益，成为职场的真正王者。

好员工都是敬业用心的

> 敬业，表面上看是为了老板，其实是为了自己，因为敬业的人能从工作中学到比别人更多的经验。

所谓敬业精神，就是要敬重你的工作。为何要如此，我们可以从两个层次去理解。低层次来讲，"拿人钱财，与人消灾"，也就是说，敬业是为了对老板有个交代。如果上升一个高度来讲，那就是把工作当成自己的事业，要具备一定的使命感和道德感。不管从哪个层次来讲，敬业所表现出来的就是认真负责，一丝不苟，并且有始有终。

很多年轻人初入社会时都有这样的感觉，自己做事都是为了老板，为他人挣钱。其实，这也并无什么关系，你出钱我出力，情理之中的事。再说，要是老板不赚钱，你怎么可能在这家公司好好待下去呢？但有些人认为，反正为人家干活，能混就混，公司亏了也不用我去承担，他们甚至还扯老板的后腿，背地里做些不良之事。其实仔细地想想，这样做对你自己并没什么好处。敬业，表面上看是为了老板，其实是为了自己，因为敬业的人能从工作中学到比别人更多的经验，而这些经验便是我们向上发展的垫脚石，就算我们以后换了地方、从事不同的行业，我们的敬业精神也必会为我们带来帮助。因此，把敬业变成习惯的人，从事任何行业都容易成功。

有句古老的谚语：我们都是习惯的产物。这种说法是千真万确的，因为所有的人都是遵从某种习惯来生活的。

某些习惯决定于他的文化，几乎人人都会养成这种习惯。比如，当我们早晨醒来之后，我们所做的第一件事就是刷牙。大多数人都有这种习惯，而且这是很好的习惯，它使我们的呼吸芬芳可人，牙齿更健康，嘴巴也更清爽。

如果我们的习惯是好的、有益健康的，那我们一定是个很愉快的人，一定有益于发挥我们的强项。如果我们的习惯并不好，那我们应该尽一切力量来改变，如此才能克服我们的弱点，把弱点变成生存的一种优势。

对很多人来说，习惯是个消极性的名词。其是习惯也有好的，甚至还能鼓舞人心。一个人由弱而强的过程就是克服坏习惯，摆脱坏习惯，养成好习惯的过程。

习惯同时也控制着我们的生活。举个最简单的例子，在每个早晨醒来之后，我们总习惯刷牙、盥洗、换上干净的衣服、扣好扣子、吃顿早餐。如果我们未养成这些良好的习惯，那么将不被邻人、同事及亲朋好友所接受。

如果没有习惯，我们的日常活动就会缓慢下来，形成一种散漫的生活方式。即使是简单的生活功能，也会和自己发生冲突。我们需要一整天 24 小时的时间才能完成白天的工作，将没有时间睡觉。养成敬业的习惯之后，或许不能立即为我们带来战胜弱点的好处，但可以肯定的是，如果我们养成了一种不敬业的不良习惯，我们的成就相当有限，我们的那种散漫、马虎、不负责任的做事态度已深入于我们的意识与潜意识，做任何事都会随便做一做，结果不问也就可知了。如果到了中年还是如此，很容易就此蹉跎一生，还说什么由弱而强，改变一生呢。

所以，敬业短期来看是为了公司，长期来看是为了我们自己！此外，敬业的人才有可能由弱而强，并且敬业还有其他好处：

（1）容易受人尊重。就算工作绩效不怎么突出，别人也不会去挑你的毛病，甚至还会受到你的影响。

（2）易于受到提拔。领导或主管都喜欢敬业的人，因为这样他们可以减轻工作压力，把事情交给敬业的人放心。你如此敬业，他们求之不得。

一般来讲，如果一个人想由弱而强，在一个地方做不好工作，也很难在别的地方做好工作。当然，有的人会想，现在找工作也并不只有一条路，此处不留，自有他处。不如过一天算一天，这样的人注定不能由弱而强，只能是强者的临时工，而要使自己成为不败的强者，只有良好的敬业习惯能够拯救我们。

为工作倾注足够的热情

那些取得卓越成就的人，无一不是对自己所选择的工作倾注100%的热情。

要养成敬业的习惯，首先要做到倾情于自己的工作。

懒惰与成功是永远不可能相交的，要想在某一领域获得一定成就，倾情于自己的工作是最基本的一个因素。

有人说，工作着的人永远是年轻快乐的，其实这句话不甚确切，应该说倾情于自己工作的人永远年轻快乐。对工作充满热情正是获得生命价值的所在，有个美国记者到墨西哥的一个部落采访。这天是个集市日，当地土著人都拿着自己的物产到集市上交易。这位美国记者看见一个老太太在卖柠檬，五美分一个。老太太的生意显然不太好，一上午也没卖出去几个。这位记者动了恻隐之心，打算把老太太的柠檬全部买下来，以便使她能"高高兴兴地早些回家"。当他把自己的想法告诉老太太的时候，她的话却使他大吃一惊："都卖给你？那我下午卖什么？"

倾情于自己的工作并不在于工作本身的贵贱。做同一件事，有人觉得做得有意义，有人觉得做得没意义，两者有天壤之别。做不感兴趣的事所感觉的痛苦，仿佛置身在地狱中。过去做事情觉得非常愉快的人并不多，每个人对工作的好恶不同，假使能把工作趣味化、艺术化、兴趣化，就可以把工作轻松愉快地做好。人生并不长，因此最好尽量选择适合你的兴趣的工作。工作合乎你的兴趣，你就不会觉得辛苦。

那些取得卓越成就的人，无一不是对自己所选择的工作倾注100%的热情。爱迪生曾说："在我的一生中，从未感觉在工作，一切都是对我的安慰……"大仲马这位享誉全世界的作家，他一生活了68岁，到晚年自称毕生著书1200部。他白天同他作品中的主人公生活在一起，晚上则与一些朋友交往、聊天。有人问他："你苦写了一天，第二天怎么仍有精神呢？"他回答说："我根本没有苦写过。""那是怎么回事呢？""我不知道，你去问一棵梅树是怎样生产梅子的吧！"看来大仲马是把写作当做了乐趣，当做了生活的全部。

能否为自己的工作倾注足够的热情，是很多领导评价员工的标准，所以千万不要和朋友这样谈论自己的领导和公司："我要应付那些我不愿做的事。为什么一定要给那个讨厌的领导干活。领导一点也不了解我，信任我。"这样你给别人留下消极、爱发牢骚的印象，同时也会使你自己丧失上进的动力和兴趣，阻碍你的发展。带有厌世情绪的人很难取得成功。他们不喜欢他们的工作和生活的世界，怀疑他们周围的人都是不诚实的、愚笨的。他们眼中的一切似乎都是灰色的，而且他们还用自己对生活的绝望态度和无所寄托的颓丧情绪影响着周围的人。

有一位工作能力很强的女员工，每天都将工作干得很不错，但是她有个毛病，就是无论走到哪里不是抱怨空调太冷就是太热。她贬损领导，埋怨工作。她对同事们说，工作是浪费时间。在两年内她已经失去过五次工作，而仍未从任何她曾为其工作过的人那儿获得有益的经验。牢骚太盛的话很易消磨一个人的工作热情。因为，没有热情，任何伟大的业绩都不可能成功。

不管是什么样的事业，要想获得成功，首先需要的就是工作热情。这对推销员来说更是如此。因为推销员整日、整月甚至整年到处奔波，辛苦地推销商品，其所遭遇的失败不用说了，就是推销工作所耗费的精力和体力，也不是一般人所能吃得消的，再加上通常接二连三失败的打击，可想而知，推销员是多么需要热情和活力。可以说，没有诚挚的热情和蓬勃的朝气，推销员将一事无成。所以，推销员不仅要锻炼健康的体魄，更重要的是具有诚挚热情的性格。热情就是决定推销工作能否取得成功的首要条件，只有诚挚的热情才能融化客户的冷漠拒绝，使推销员"克敌制胜"，由此可见，热情确是推销员成功的一种天赋神力。

热情还是我们最重要的财富之一。不管我们是 3 岁或 30 岁，6 岁或 60 岁，9 岁还是 90 岁，热情使我们青春永驻。任何年龄的人只要具有自我完善的强烈愿望，他都可以找到永葆青春的源泉。不管你是否意识到，每个人都具备着火热的激情，只是这种热情深埋在人们的心灵之中，等待着被开发利用，为心中制定的目标服务。你要找到自己的热情，正如信心和机遇那样。热情全靠自己创造，而不要等他人来燃起你的热情火焰。因为："缺少自身的努力，任何人都无法使你满腔热情；没有自身的努力，任何人都无法使你满腔热情；没有自身的努力，任何人都无法使你渴望去达到目标。"

热情应该是一种能转变为行动的思想、一种动能，它像螺旋桨一样驱使你达到成功的彼岸，但首先你得有一个决心要达到的目标。热情能够使你对自己充满信心，能望见遥远之巅的美好景色。你能集中自己的全部精力，斗志昂扬；你也能够自律自制；你运用自己的想象力，修身养性，不断完善；热情还能使你在悔过时能迅速回到现实中来，助你取得最终的成功。在热情的世界里是找不到迷惑、失望、惧怕、颓废、担忧和猜疑的，这些使你未老先衰的消极情绪早已被火热的激情冲走。所以，热情为你终生带来年轻和成功。

干得比别人多并不吃亏

你工作得越多，做得就越好，就是那么简单。

养成敬业的习惯还要求你全心全意投入你的工作，干得比别人更多。

现在一个人 10 年换 6 次工作都很常见。但 1966 年的华尔街完全不像现在这样。那时的人并不跳来跳去，人们常常把自己的一生和某个公司联系在一起。

从布隆伯格被所罗门公司录用的那一刻起，他就认为自己是一个"所罗门"人了。许多大公司贪求与众不同的门第、风格、语音和常春藤联校的教育背景，而所罗门更看重业绩，鼓励实干，容忍异议，对博士生和中学辍学生一视同仁，布隆伯格感到很适应，他觉得那正是适合他的地方。

那时的职员都受到雇主的保护，这是因为，在那时的华尔街，重要的是组织而不是个人。

当时的布隆伯格认为：如果你能进入一个投资银行公司——对不是创始家族的继承人来说，可不是一件容易事，你将把他作为终生的职业。你会一直干下去，最终成为一名合伙人，然后在年纪很大时死在一次商务会议当中。

布隆伯格说："我永远热爱我的工作并投入大量时间，这有助于我的成功。我真的为那些不喜欢自己工作的人感到惋惜。他们在工作中挣扎，这么不快活，最终业绩很少，这样他们就更憎恶他们的职业。在这短短的一生中有太多令人愉快的事情去做，平日不喜欢早起就干不过来。"

布隆伯格每天早上到班，除了老板比利·所罗门，比其他人都早。如果比利要借个火儿或是谈体育比赛，因为只有布隆伯格在交易室，所以比利就跟他聊。

布隆伯格 26 岁时成了高级合伙人的好朋友。除了高级主管约翰·古弗兰德，布隆伯格常是最晚下班的。如果约翰需要有人给大客户们打个工作电话，或是听他抱怨那些已经回家的人，只有布隆伯格在他身边。布隆伯格可以不花钱搭他的车回家，他可是公司里的二号人物。

布隆伯格认识到："使我自己无所不在并不是个苦差事——我喜欢这么做。当然了，跟那些掌权的人保持一种亲密的工作关系也不大可能有损我的事业。我从来不理解为什么其他人不这么做——使公司离不开他。"

他在研究生院第一年和第二年之间的那个夏天为马萨诸塞州剑桥镇哈佛广场的一个小房地产公司工作，他就是早来晚走的。学生们到城里来就是为了找一个 9 月份可以搬进去的地方。他们总是急三火四的，想尽快回去度假。

布隆伯格早晨 6 点 30 分去上班。到 7 点 30 分或 8 点的时候，所有来剑桥的可能租房的人已经给公司打电话，跟接电话的人订好看房时间了。他当然就是唯一一个来这么早接电话的人，那些给这个公司干活的成年"专职"们（他只是"暑期打工仔"）在 9 点 30 分才开始工作。于是，每天当一个接一个的人进办公室找布隆伯格先生时，他们坐在那里感到很奇怪。

伍迪·艾伦曾说过：80% 的生活是仅仅在露面而已。布隆伯格非常赞赏这句话。他说："你永远不可能完全控制你身在何处。你不能选择开始事业时的优势，你当然更不能选择你的基因智力水平。但是你却能控制自己工作的勤奋程度，我相信某地有某人可以不努力工作就聪明地取得成功并维持下去，但我从未遇见过他（她）。你工作得越多，做得就越好，就是那么简单。我总是比其他人做得多。"

当然，布隆伯格并没有因为工作影响了自己的生活。他说："我不记得曾因工作太紧或我太专注工作而耽误了晚上或周末的娱乐。我跟女孩们的约会、去滑雪、跑步和参加聚会比别人都多。我只是保证12小时投入工作，12小时去娱乐——每天如此。你努力得越多，就拥有越多的生活。"

无论你的想法是什么，你必须为实现它而干得比其他人更多——如果你把工作安排成一种乐趣，那它就是一件比较容易的事。奖赏几乎都是给那些比别人干得多的人。你投入时间并不能保证你就会成功，但如果你不投入，结果就可想而知。

凡事都需要认真地对待

你要知道没有什么工作是永远充满刺激和乐趣的，关键在于你对待工作的态度。

职位的晋升是建立在忠实履行日常工作、用心做好每一件事的基础上的。只有尽职尽责、用心做好目前的工作，才能使你获得价值的提升。所以，从一开始工作，就要谨记"每件事情都用心做"这个职场原则，才能为你的事业发展创造有利的条件。

用心去做每件事，做每件事情都要用心，这是要求员工应该具有的职业道德。用心做与用手做不一样，只有用心做才能获得好的质量和效果，也才能不辜负客户和公司。

"用心去做"是一个严谨的工作态度，或者说，它是一个最起码的职业道德，也是身在职场最基本的要求。你可以能力低于别人，但如果你连用心工作都做不到，那你真的就已经面临很大的危险了。

所谓"用心"工作，就是凡事要认真。认真工作的态度，会为一个人既定的事业目标积累雄厚的实力，同时还会给公司、老板带来最大化的实际利益。因此，在每一个公司里，认真"用心"做事的员工都颇受老板青睐。

只要是职业人，都会渴望自己得到提升得到加薪，而职位的晋升是建立在忠实履行日常工作、用心做好每一件事的基础上的。只有尽职尽责、用心做好目前的工作，才能使你获得价值的提升。

所以，从一开始工作，就要谨记"每件事情都用心做"这个职场原则，才能为你的事业发展创造有利的条件。

许多人烦恼于工作的平凡、枯燥，但你要知道没有什么工作是永远充满刺激和乐趣的，关键在于你对待工作的态度，一样平凡、枯燥的工作，不一样的人、不一样的态度，享受工作的过程是有着很大的区别的。

三个工人正在砌砖，有人问他们："你们在做什么呢？"第一个工人没好气地嘀咕："你没看见吗，我正在砌墙啊。"

第二个工人有气无力地说："嘿，我正在做一项每小时 9 美元的工作呢。"第三个工人哼着小调，欢快地说："你问我啊？朋友，我不妨坦白告诉你，我正在建造这世界上最伟大的教堂！"

也许你不喜欢眼下的工作，它甚至让你感到了厌烦。但你必须明白：这并不是老板或公司的错，需要改变的是你自己，你要学着去爱你眼下的工作！你只有爱你的工作，你才会用心去做。这是最起码的职业道德、职业素养。如果你连这些琐碎、具体的事情都做不好，你又怎么可能去做轰轰烈烈的大事呢？世界上没有卑微的工作，只有卑微的工作态度，只要全力以赴地去做，再平凡的工作也会变成最出色的工作。

力求达到最满意的效果

世界上没有卑微的工作，只有卑微的工作态度。

海尔集团总裁张瑞敏有一句名言："把每一件简单的事做好就是不简单，把每一件平凡的事做好就是不平凡。"

你觉得工作琐碎、简单，提不起兴趣，也毫无创造性可言。可是，就是在这极其平凡的职业中、极其低微的位置上，往往蕴藏着巨大的机会。只要把工作做得比别人更完美、更迅速、更正确、更专注，调动自己全部的智力从旧事物中找出新方法来，才能引起别人的注意，使自己有发挥本领的机会，满足心中的愿望。这一切，都需要你用心去做，才能达到自己想要的效果，任何的敷衍可能一时欺骗得了别人，但永远也无法欺骗自己的心和前途。

在做完一项工作后，你应该这样告诉自己："我愿意做那份工作，而且我已经竭尽所能、尽我的全力、用心来做了，我更愿意听取别人对我的批评。"

世界上没有卑微的工作，只有卑微的工作态度，只要全力以赴地去做，再平凡的工作也会变成最出色的工作，正如希尔顿所言："世界上没有卑微的职业，只有卑微的人。"所以，你要考虑的不是做什么工作，而是自己应该以什么样的态度来对待自己的工作。每个人都应当把自己看成是一个艺术家，而不是一个工匠，应该用心、用创作的态度去对待每一件事。

　　成功者和失败者的区别就在于：成功者无论做什么工作，都会用心去做，并力求达到最佳的效果，不会有丝毫的松懈；成功者无论做什么职业，都不会轻率敷衍。

努力去做好每一件事情

态度决定着一切，当然也包括我们的前途甚至是这一生的人生旅途。

天下总是物以类聚，人以群分，你应该认真地审视自己属于哪一种人。有一种人，面对重大的任务他总是能主动要求和承担更多的责任或自动承担责任。即使是任务再艰巨，他也是义无反顾地往前看。这样能够为老板分忧解难的员工，老板们怎么会不喜欢呢？也只有在危难的时候才能真正体现出人才的价值。

然而在大多数情况下，即使你没有被正式告知要对某事负责，也应该努力做好它。只做好手边工作的人只能永远只做手边的工作，做得最好也就是可以勉强度日，也不会有什么别的成绩，容易满足的人是不可能有什么大的作为的。如果你能主动表现出胜任某种工作，那么责任和报酬就会接踵而至，同样的，老板的信任和钟爱也会随之而来。

但是我们也明白有两种人永远无法超越别人：一种人是只去做别人交代的事，每天只要做好手边必须要处理的事就可以好好享受了，既没有大的付出也没有大的收获，每天浑浑噩噩地度日，日子过得如同嚼蜡，毫无味道，久而久之对生活和工作失去热情和希望，只是盼每天多多有应酬，了无生趣。另外一种人是即使是老板交代了任务他也做不好。总之，每当公司裁员的时候他们就会成为老板们的第一人选，或在同一个单调的工作岗位上耗尽终生的精力。用这两种方式做事或许可以自在一时，但却永无成功之日。

当告诉他去做某一件事的时候，他就会自觉地去做，这也是一类人。这种人平时默默无闻，既没有过分的要求也没有过高的奢望，只要完成自己的工作就万事大吉了。这些人是属于被动完成任务的，那么完成的质量就可想而知了。这样他们所得到的报酬与他们所完成的工作并不成正比。

另外一种人，这种人只有当他们被告知过两次后才去做事情，他们能得到荣誉和老板的信任吗？答案当然是否定的。

然而，还有一类人更是糟糕。即使由别人做好计划，定好规则，分配好任务，但是这类人还是不为之所动，他们的思维逻辑就是即使别人领先于他们，走到他们面前并且向他们进行示范，甚至停下来督促他们去做，他们也仍然不会认真地做事。他们总是失业，得到的也只是他们应得的藐视。

我们必须认真地审视自己，包括我们的工作动机，工作态度，工作热情，工作能力和工作质量，想想清楚我们属于以上哪一种人呢？态度决定着一切，当然也包括我们的前途甚至是这一生的人生旅途。

那么我们应该怎样去做呢？

第一，对待自己分内的工作要刻苦要勤奋。我们要明白的是每当你遇到困难的时候，可以找知心朋友倾诉你的苦恼，但实际上这是解决不了任何问题的。

无论什么事情都是要靠自己的力量来解决。所以平时的勤奋与刻苦就是在危难时刻帮助你渡过难关的最得力的助手。一些年轻人刚开始工作的时候，总是对自己有过高的期望，认为自己一开始工作就应该得到重用，就应该得到相当丰厚的报酬。他们在工资上互相攀比，似乎工资成了他们衡量一切的标准。但事实上刚踏入社会的年轻人缺乏工作经验，是无法委以重任的。在他们看来，我为公司干活，公司付给我一份报酬，等价交换，仅此而已。他们看不到工资以外的东西，因此没有了信心，没有了热情，工作中总是采取一种应付的态度，他们只想对得起自己挣的工资，从未想过对得起自己的前途，对得起家人和朋友的期待。

之所以出现这种情况，原因在于对薪水缺乏更深入的认识和理解。其根本的原因是还不能真正地懂得处世之道。世界上是不存在无源之水的，没有牢固根基的树不可能茁壮成长。不懂得该怎样为老板们工作，那么也就说明你以后也不会真正懂得如何当老板。不要为薪水而工作，因为薪水只是工作的一种报偿方式，一个人如果只为薪水而工作，没有更高尚的目标，并不是一种好的人生选择。

事业成功人士的经验向我们揭示了这样的一个真理：只有经历艰难困苦，才能获得世界上最大的幸福，才能取得最大的成就；不经历风雨如何能看见彩虹，不经一番寒彻骨哪得梅花扑鼻香呢？这个道理知道的人应该是很多的，但是能够真正懂得他的人，确实寥寥无几。大家都想在最短的时间里取得成功，但是成功也是一个量变到质变的过程，只有经过艰苦的奋斗，才能取得成功。

工作所能给予你的，要比你为它付出的更多。每一项工作中都包含着许多个人成长的机会，如果你将工作视为一种积极的学习经验，那么你所能得到的机会和经验会远远超过你的报酬所得。难道你不觉得你的能力比金钱重要得不止百倍、千倍吗？因为它永远不会遗失，永远是我们的财富。如果我们研究那些成功人士，就会发现，他们事业之所以能成功，有一种东西永远伴随着他，那就是能力，是能力帮助他们达到事业的顶峰，俯瞰人生。

如你不是一心只为薪水而工作，那么薪水也许会以出乎你意料的速度增长。自古以来无心插柳柳成荫的事不在少数。我们要相信大多数老板都是明智的，都希望吸引更多有才干的员工，并根据他们的才干给予使用。但是聪明的老板在鼓励员工时并不会说"好好干，我会给你加薪"，而是说"好好干吧，会有出息的"，或者是"好好干，会有更重要的工作等着你"。与重担而来的自然是薪水的提高。

现在的放弃是为了未来的获得，不要看不起自己的工作，哪怕是一些人认为的最不起眼的工作。这个社会上的工作是没有什么富贵低贱的，大家之所以从事的工作不同是因为我们的分工不同。只有正确对待这个问题，我们的工作态度才能端正，才能正确对待自己。我们要将工作当成人生的乐趣，人一旦没有工作可以做，整天无所事事，虚度光阴，你的意志会在整日闲散中消失殆尽。让我们勤奋地工作吧，因为机会来自于苦干。

第二，对待事业要敬业。职业就是我们的使命，人来到这个世界上不仅是为了安逸享乐，更重要的是人存在的意义和价值，只有通过工作才能真正体现我们存在的价值。

没有职业的人，经济上就无法独立，每日的吃喝住用当然也只能依靠别人了，这样的人和寄生虫有什么区别呢？当然生存着也就没有什么意义了。

但是如果你有了职业，情况就大不一样了，每天精力充沛地去上班，总是有所期待的。每当完成一项工作就会有无比的成就感，对生活的理解就会更加深刻了。因此你要是有了职业就要敬业，敬业表面上看起来是有益于公司，有益于老板的，但最终的受益者却是自己。当我们把敬业当成一种习惯和生活的一部分时，你就能从中学到更多的知识，积累更多的经验，就能在全身心投入工作的过程中找到乐趣。

实践证明，一个工作懒散，缺乏敬业精神的人，永远得不到尊重和提升。人们往往会尊重那些能力中等但尽职尽责的人，而不会尊重那些自以为自己天分极高，但是对工作却马马虎虎不负责任的人。对待工作我们要全心全意，尽职尽责。在商业中有一个信条："如果你能真正制好一枚别针，应该比你制造出粗陋的蒸汽机赚到的钱更多。"所以我们看到当今所有能做大做强的企业，无不是以诚信为基础的。

不要只是满足于现状，不要觉得完成工作的质量还过得去就可以了，你要力求更好。只有对自己严格要求的员工才能用最短的时间在新的工作单位中站住脚跟，才能成为老板最得力的左膀右臂。

超越平庸，选择完美，停滞不前就是退步，工作也正如逆水行舟不进则退。你若只是满意于现状，那么你很快就会被淘汰出局。

所以，在工作中我们要表现出自动自发的精神。老板不在身边却更加卖力工作的人，将会获得更多赞赏，还可能会有许多意外的收获。如果只有在别人注意的时候才有好的表现，那么你永远无法达到成功的顶峰。最严格的标准应该是自己设定的，而不是由别人要求的。如果你对自己的期望比老板对你的期望更高，那么你就无须担心会不会失去工作。同样，如果你能达到自己设定的最高标准，那么你的运气就指日可待了。

我们经常会发现，那些被认为已经功成名就的人，其实在功成名就之前，早已默默无闻地努力工作了很长一段时间。成功是一种努力的积累，不论何种行业，想攀上顶峰，通常都需要经过漫长的实践努力和精心的规划。

Part 3

业务出众

——在工作中能够独当一面

　　领导是十分需要专家型下属的。因为领导不可能样样精通，要做好工作，他必须依赖这样的下属来保持组织的正常运转。没有专家型人才尽职尽责、严谨踏实的工作，领导便立刻成了一个毫无用处的人。因此，如果你能精通业务，成为一个专家型人才，你就会成为公司不可或缺的人才，在职场上永远拥有立足之地。

领导离不开专家型员工

> 因为领导不可能样样精通，
> 要做好工作，他必须依赖这样的
> 下属来保持组织的正常运转。

一个领导的身边常聚集着各种各样的人，他们有着不同的才干，抱着不同的目的，可以帮助领导达到不同的目的。这其中，有庸才、奴才、专才、干才，但无论如何，一个领导欲完成自己的基本职责和任务，是离不开专家型人才的。

随着社会的发展，分工的细化，专家型人才愈来愈多地介入到社会生活的各个领域，在一些新兴工业化国家，政治精英们高呼"专家治国"，在西方社会里，学者们则惊于"技术统治时代"的来临。在我们的机关单位里，我们也会很明显地感受到，随着高新技术的推广，如计算机的引入，以及专业化管理技术的应用，如全面质量管理的引入，更多的有着特殊专业才能的人开始走上工作岗位。因此，这些人如何与领导相处便是一个十分重要又必须解决的问题。

领导是十分需要专家型人才的。因为领导不可能样样精通，要做好工作，他必须依赖这样的下属来保持组织的正常运转。一个主抓各个职能部门的领导是不必也不可能知道一座大楼是如何盖起来的，可能也不会清楚邮电部门的数字程控交换机是以怎样的原理工作的，他只要听取这些部门领导的汇报、建议、请示，然后提出任务，交由这些职能部门去完成。领导确定目标，但具体落实却是非靠专家不可的。没有专家型人才尽职尽责、严谨踏实的工作，领导便立刻成了一个毫无用处的人。

我们国家的人事制度，一向是有着专家治理的传统的，许多领导都曾经是单位上的业务骨干。在计划经济体制下，许多从事管理职能的领导，都有着丰富的生产知识，对基层的各种业务都有着比较详尽、透彻的了解。在我国目前的政党机关里，特别是在职能部门中，专家型的领导更是不少。由于有着共同的专业基础、心理特质，这些领导也特别喜欢任用专家型的下属。他们深知，这才是干好工作的关键。而对于那些没有专才，只会清谈的人则是十分厌恶的。

因此，对于专家型的下属来说，其最大的资本就是精通业务。高深的专业知识和技能，具有很强的排他性，他不但不容易为其他人所代替，而且，对于领导来说，他还是不可或缺的。

正是下级的这种业务专长构成了对领导的权力。许多学者认为，权力并不是存于领导一人手上，而是分散在各行各业的专业人才手上。这些专家型人才在他自己的专业范围内，对于属于他专业知识范围内的问题所提的意见，必定具有权威性，这种权威性足以发挥较大的影响力，受到各方面的尊重，连领导也必须放下架子，表示谦虚，洗耳恭听。这样，这些专家型人才就拥有了相当大的影响领导的能力，成为事实上的领导。其实，这种现象何尝不是发生在我们的工作单位里呢？

还有一位叫做莫舍的美国行政学研究者认为，美国的政府"在很多方面而今是在专家们（包括科学家们）的掌握之中。"并且，"在文官法律的广泛领域之内，专业精华通常对于决定人事政策、标准和规章等问题具有最有影响的发言权。"事实上，许多专业型官僚正把美国的政客弄得昏头涨脑、晕头转向，高深艰涩的专业词汇把领导人事实上排除在了业务大门之外，政务官们越来越感到他们在业务人员面前正变得手足无措，只好言听计从，放弃控制的打算。

　　说了这么一大堆，归结起来，无非就是一句话：专家型人才一定要认识到，业务可以给自己带来影响力，因此你应该利用这一有利条件，提高自己在领导心目中的地位，成为领导的心腹和助手。

有专长其实更需要谦和

谦虚平和而不是恃才傲物更会使你受到群众的欢迎，他们将会对你的工作给予大力的支持。

专家型人才也往往有一弊，那就是"傲"，又可被通俗地称为"清高"；过去骂人，说"臭老九"臭就臭在爱摆一个"臭架子"，虽然这话粗俗了点儿，也过于尖酸刻薄，但却讲出了一个真相，指出了专家型人才爱犯的一个毛病。

有些专家型人才"傲"，是因为觉得自己比别人强，自己的专业别人理解不了，也干不了，所以就认为自己应该高人一头。

还有些专家型人才是太钻研于业务，以至于不通世事，看不惯别人不懂装懂，更看不惯有些领导盲目干涉瞎指挥，又不注意方法，直来直去地直陈其弊，所以落得一个清高犯上的名声。

但无论哪种情况，"傲"是专家型人才与领导和谐相处的最大障碍。

傲，便会让领导感到下级不尊重自己，不服从领导；傲，便容易冒犯领导，使领导面子难堪，下不了台。傲不利于下级与领导处理好关系。同时，领导的不支持还会使下级搞不好自己的业务，毕竟搞好业务是需要多方面的配合和支持的，如财力、人力方面的供应；毕竟下级要专心搞业务还需要无后顾之忧，如拥有住房，所以，傲只会使"专家型"的下级自讨苦吃。

专家型的下属最可贵的品质便是谦虚平和，如果他能和其在业务上的才华相互配合，必定能做出一番事业，更会受到领导与同志的欢迎。

谦虚平和，并不会减少专家型下属的一分知识、一分才干，他只会提高自己的身价，使领导感到舒心，使自己更受尊重。

谦逊也不会损害下级的人格尊严，正如国画大师徐悲鸿所言：人不可有傲心，但不可无傲骨。谦逊并不会妨碍专家型的下属保持自己思想和操守的独立性，相反，他会使你更加进步，使你品德更加完善。

谦虚平和，还会增长你的才干。古人说："满招损，谦受益。"正是这个道理。谦虚不仅仅是一种表面上的姿态，更应是一种内在的真实感受，只有这样，领导才会认为你并不虚伪，可以信任；也只有这样，你才能在专业领域更进一步，取得更大的成绩，从而更增强你自身的实力，提高你在领导心目中的地位。这样，无论是哪一个领导上台，你都因有牢靠的资本而无须担忧了。

最后要说明的是，谦虚平和而不是恃才傲物更会使你受到群众的欢迎，他们将会对你的工作给予大力的支持。他们对你的好评也会传到领导那里，无形中便增加了领导对你的好感。而那些一味地挑剔指责，认为自己比别人强得多的专业人员往往会受人讨厌，不愿与之一起工作，往往陷入孤立的境地。一旦有其他人能够替代他时，领导肯定会毫不留情地拿他开刀。

所以，专家型的下属，特长在于"精通业务"，而与领导融洽相处的关键则在于"谦虚平和"。

努力用知识来武装自己

要是没有终生学习的心态，不断追寻各个领域的新知识以及不断开发自己的创造力，你终将丧失自己的生存能力。

古人云："千里之行始于足下"，做学问、搞实践，一切都必须从基础做起。从起跑线出发，打好了基础，才能更深入地学习。要成为一个专家型人才，优秀员工要学会用知识经验武装自己，不断学习。

要学习了解公司制度、企业文化，在我们的日常工作中，就可以学习到很重要的东西。有位秘书在一家公司实习，她通过接收各种文件，学习各种公文的写作格式，使自己在学校中学习的公文写作理论知识得到实实在在的"考核"，以后都不用再为公文写作而苦恼。而且通过这些公文的内容，她了解公司的第一手材料，更迅速地了解了公司。通过自己经手的各种文件，可以了解公司的宏观概况。重大举措和发展动态等问题。这样使那些对公司介绍的生硬的文字鲜活、丰润起来。她经过学习，很快适应了那家公司的工作，公司的老板对她很赏识，认为她是个有潜力的年轻人。

即使在我们与同事之间的相处中，也可以学到东西，那是在书本上学不到的。例如，做人要讲诚信，重道义，严己宽人，谦逊求实，不能浮躁和夜郎自大。从同事身上学会为人处世之道，学会语言行为艺术，可以让自己做起事来挥洒自如、游刃有余。

不管你有多能干，你曾经把工作完成得多么出色，如果你一味沉溺在对昔日表现的自满当中，"学习"便会受到阻碍。要是没有终生学习的心态，不断追寻各个领域的新知识以及不断开发自己的创造力，你终将丧失自己的生存能力。因为，现在的职场对于缺乏学习意愿的员工很是无情。员工一旦拒绝学习，就会迅速贬值，所谓"不进则退"。转眼之间就被抛在后面，被时代淘汰。

有个年轻人在河边钓鱼，他看很多人都在这里钓，觉得这里应该是有很多鱼才对。在他旁边坐着一位老人，也在钓鱼，二人相距并不远。这个年轻人钓了半天，奇怪的是一条鱼也没有钓上来。而那个老人却不停地有鱼上钩。一天下来，年轻人都没有收获。

天黑了，那位老人要走了，这个年轻人终于沉不住气，问他："我们两人的钓具是一样的，钓饵也都是蚯蚓，选择的地方也不远，可为何你钓到了这么多条鱼，我却一无所获呢？"老人笑笑："年轻人，这你就要多学学了，我钓鱼的时候，只知道有我，不知道有鱼；我不但手不动，眼不眨，连心也似平静得没有跳动，这样鱼就不会感到我的存在，所以，它们咬我的钩；而你呢，在钓鱼的时候，心浮气躁，心里只想着鱼赶快吃你的饵，眼死盯着鱼漂，稍有晃动，就起钩。鱼不让你吓走才怪，又怎会钓到鱼呢？"

这位年轻人知道了自己的不足，第二天钓鱼的时候就尽力稳住自己的情绪，这样果然大有斩获，虽然还是没有那个老人的鱼多，但比起第一天来实在可以说是大丰收了。

优秀员工要学会学习，虚心地向自己身边的有才能之士学习，一个人知道了自己的短处，才能改进自己，才能胜券在握。每个人身上，都有值得你学习的地方。

培养自己的核心竞争力

> 寻找核心竞争力，在某种程度上说就是寻找差异，寻找自己身上与别人不同的地方，寻找自己身上的个性。

在未来激烈的市场竞争中，一个人想要立于不败之地，就必须让自己在所从事的领域里拥有核心竞争力，做到没有人能超越你，成为一个真正的专家，并且不断找准发展方向，走在发展的最前沿，能为企业和公司正确解决问题的人，能为企业和公司带来效益的人。

能力出众，并不一定是在所有方面都能出众，但至少在某一方面能做得比别人更好，用现在流行的话来说，就是拥有一项核心竞争力。

最近几年，"核心竞争力"成为大家经常谈论的热点概念，企业管理者强调企业要有自己的核心竞争力；企业员工也认为拥有核心竞争力才是生存的本钱。一时间，核心竞争力成为了焦点中的焦点。竞争力是成功的原因，核心竞争力则是持续成功的原因。

是什么使起点相同的两个人在几年后个人竞争力差别巨大？一个人可能已经作为公司的骨干，承担了很重要的工作，而另一个人还在碌碌无为呢？是什么使某些人在事业上裹足不前而竞争对手却看起来一帆风顺呢？为什么你薪酬不如别人多？为什么这次提拔的人不是你？对于这些问题，不同的人会有不同的回答，

"他是名牌大学毕业的，学历也比我高"，"他与老板的私人关系好，他很会博得老板的欢心"等，这些都是我们经常会听到的回答。确实造成这种结果的原因很复杂，包括个人的机遇、个人的性格因素等，但是这些都不是决定性的因素。

真正决定一个人是否能取得成功的最关键因素就是"核心竞争力"。尽管我们的社会和企业中还存在许多不规范的方面，但随着社会的进步和企业对管理的理解逐渐深入和制度的逐渐规范，决定员工成功的因素越来越回归到个人的素质、工作能力等因素。无论是在什么样的公司，无论你从事何种类型的工作，能为企业和公司正确解决问题的人，能为企业和公司带来效益的人，一定会得到企业和公司的重用，成为老板心中的优秀员工。

这样看来，决定个人职业生涯成败的因素越来越归结于个人的竞争力。竞争力，其实就是工作能力，仅仅具有能力还是不够的，还要看你的能力是否珍贵。如果你的某种能力，其他人也都具备，那么显然你并不具有竞争优势；而如果你所掌握的某种能力，大家都不具有但却是公司所必需的，那么显然你是具有绝对竞争优势的。这种能力就是一个员工的核心竞争力，某种能力被越少的人掌握，其竞争力就越强。

在这个世界上，每个人都是独一无二的。人各有长，人各有短。我们也没有必要去要求自己和别人一样，如果大家所掌握的知识都是一样的，那么这个世界就会处于停滞状态。同时我们也没有必要要求自己在所有领域都能精通，事实上个人精力的有限也决定了这是不可能的。真正聪明的人，会根据自身的特点，挖掘自己身上具有而别人不具有或者很少有人具有的能力。独一无二的人往往就是最成功的人，那些所谓天才就是把自己的某种独特性甚至是某种缺点发挥到极致的人。

寻找核心竞争力，在某种程度上说就是寻找差异，寻找自己身上与别人不同的地方，寻找自己身上的个性。美国 MTT 多媒体实验室主任尼葛洛庞蒂说："我们在招人时，如果有人大学毕业时考试成绩全部是 A，我对他不感兴趣；如果有人在大学考试中有很多 A，但也有两三个 D，我们才感兴趣。因为往往在大学里表现得很好的学生，与我们一起工作时，表现得并不那么好。我们就是要找个性与众不同，在大学学习时并不是很用功的那些人。这些人往往很有创造性，对事物很警觉，反应非常机敏。人才更多的是一种心态，是指与传统思维完全不一样的那种人。真正的人才不是看他学了多少知识，而是看他能不能承担风险，不循规蹈矩地做事情。"

个性、不循规蹈矩地做事情、不羁的创造力是我们这个时代所缺乏和需要的。然而对大多数人来说，更为重要的是专业能力。如今，大学校园里外语和计算机已经成为了大家最为重视的专业，学生们都以为拥有了优秀的外语和计算机水平就能找到一份好工作，许多人因此把大量的时间花费在了学习外语和计算机上面，却荒废了专业课的学习。其实，这完全是一种盲目的冲动。现在的企业最需要的不是懂外语和会计算机的人才，这仅仅是基本的职业技能，企业最需要的还是优秀的专业能力。你要想让你的老板真正地感悟到你是人才，还应该在你的专业技能上下工夫。切记，你的智慧，尤其是专业技术的水准高低，在企业选择员工的价值天平上，远胜于你的外语和计算机能力。

核心竞争力，并不一定是那些非常高端的技术和能力，任何一项能力，任何一种品德，都可以成为核心竞争力，关键是你要在这方面做得非常出色。正所谓"三百六十行，行行出状元。"

一种情感、一种精神、一种品质、一种能力，都可以成为优秀员工的核心竞争力，只要是和竞争对手相比，你所具有的是其中最好的。

让你成为不可或缺的人

> 当你成为职场中个人矿藏最富的那个人，这个时候，你就是那个不可或缺的人，离优秀员工就不远了。

在职场生涯中，要想成功就要让自己成为一个不可或缺的人。尤其是从 2009 年的金融危机以来，就业机会如金子一样珍贵，我们该如何保住自己的饭碗，受到领导的重用呢？是的，我们要做的就是努力成为那个不可或缺的人。

因为，在公司里，老板宠爱的都是些立即可用、并且能带来附加价值的员工。很多管理专家指出，老板在加薪或提拔时，往往不是因为你本分工作做得好，也不是因你过去的成就，而是觉得你对他的未来有所帮助。身为员工，应常扪心自问：如果公司解雇你，有没有损失？你的价值、潜力是否大到令老板舍不得放弃的程度？一句话，要靠自己的打拼成为公司不可缺少的人，这至关重要。

一个优秀的员工无论做什么，都可能是在为将来做伏笔。用锻炼自己成长的积极心态，对待自己正在做的事情。每做一件事情，就多一点个人资源，水滴石穿地累积起来，就是个人的财富，没有谁能够掠夺。当你成为职场中个人矿藏最富的那个人，就没有什么可担心的了。这个时候，你就是那个不可或缺的人，离优秀员工就不远了。

时时刻刻都要追求进步

> 随时随地求进步是一种心态，必须自己用心去引导，它才会像泉水般涌现出来。

一个具有核心竞争力的人，他时时刻刻追求进步，以便让自己的核心竞争力更为突出。

进步，通过学习可以得到。学习，应是人终生的伴侣。一个人成就有大小，水平有高低，决定这一切的因素很多，但最根本的还是学习。正确地利用空余时间进行学习是卓越品质的表现。历史上的很多例子都说明，被用来学习的空余时间从很大意义上来讲，并没有空余。这些时间是节省出来的，是从睡眠、就餐和娱乐时间中节省出来的。

使人没有成就、陷入平庸的并不是能力不足，而是勤奋不够。在很多情况下，你的智力和头脑要胜过其他人，但你不思进取，恶习使你懒于思考。你把时间和金钱虚掷在饭店里、舞厅里、麻将桌上，到了迟暮之年，一辈子为人做嫁衣的束缚使你痛苦不堪，于是你就抱怨时运不济，机缘不好。

有句俗话说："人穷怪屋基。"其意是讽刺有问题不从自身找原因，而是一味归咎于客观原因的现象。

随时随地求进步是一种心态，必须自己用心去引导，它才会像泉水般涌现出来。心理学家皮尔说："如果你觉得生活特别艰难，就要老老实实地自省一番，看看毛病在哪里。我们通常最容易把自己遭受的困难归咎给别人，或诡称是无法抗拒的力量。但事实上，你的问题并非你所不能控制，解决之道正是你自己。"如果一个人常常有消极或无能为力的感觉，就会使自己变得懒惰起来。这时，最能帮助你的就是你自己；改变心态，换一种积极上进的思想，自然会再度站立起来。

书籍多如耸立的高山，知识如广阔浩瀚的海洋。功成名就，好比攀登崇山峻岭，横渡浩瀚海洋，行程漫漫，困难重重，绝非短期之功可以毕其役。锲而舍之，朽木不折；锲而不舍，金石可镂。浪费光阴者，属于前者，或者游游荡荡，或者无所事事，到头来一事无成，空空如也。与此相反，随时随地求进步者，认定一条适合自己发展的路，能排除妨碍走这条路的所有干扰，义无反顾地一路走下去，不到黄河心不死。世俗的阴风吹不倒你，新鲜的诱惑拿你无可奈何，你甚至甘愿寂寞，耐得经年寒窗。别人笑你痴，笑你傻，笑你呆，笑你不识时务，你都能一笑泯恩仇，甚至对付出你自己生命的巨大代价也在所不惜。如此，何事不成？何功不就？何名不著？

知识一天没有积累时，不是维持现状，而是在减少。所以，积累也不是一般概念的加法，当你的知识积累到一定程度，会爆发出一个个灵感来，这种灵感会使你一下子明白许多以前似懂非懂的东西，会使你悟出许多书本上没有学过的东西。这样，你的知识岂不是成几何倍数地增长了吗？

做一个专家型的好员工

工作本身就是最好的进修，也会带来提升机会。

刘小姐大学一毕业就在一家外资企业做人事助理，工作出色，经常受到领导的夸奖。但是，从和领导的沟通中，她也了解到领导觉得她在理论上还需要努力一下。于是，聪明的刘小姐立即心领神会，在完成领导交代的任务的同时，还在业余时间参加了人力资源管理的培训班。在不影响本职工作的前提下，她认真学习这方面的知识，几乎每堂课都能准时参加，每堂课都能够仔细地做笔记，还经常就疑难的地方请教培训教授，并在工作中灵活地运用所学的知识。终于工夫不负有心人，最近刘小姐升为人事专员，让周围的同事羡慕不已。

刘小姐的晋升成功很能说明一个问题，晋升不是不可能，关键看你懂不懂得方法，能不能切中晋升的要害。作为人事助理的刘小姐，职位上升空间很大。她能出色地完成领导交给的本职工作为职业晋升打下了坚实的基础。如果不能很好地完成本职工作，是不可能在企业中生存下去的，又何谈发展？在这个基础上，刘小姐抽出宝贵的业余时间来参加和职业发展密切相关的培训，并能很好地消化所学的知识，做到学为所用。实际上无形中缩短了她的晋升之路。丰富的工作经验，优秀的业务技能，再加上相关的资质提升决定了她晋升的成功。

在未来激烈的市场竞争中，一个人想要立于不败之地，就必须让自己在所从事的领域里做到没有人能超越你，做真正的专家，并且不断找准发展方向，走在发展的最前沿。

许多人在企业坐稳"交椅"后，就安于现状，不思进取，或按部就班地等待升迁。切记，机会只垂青时刻追求的人。假若你是个普通秘书，切不可指望别人提拔你坐上总经理秘书的位置，而你应该大胆地去争取行政或人事助理的职位，拿符合自身能力的薪水。

承担的工作越多，风险越大，使你成为"他人所不能为"的人才，进而完成职级跳跃的可能性也越大。工作本身就是最好的进修，也会带来提升机会。

如果你对目前所从事的工作及职务相当满意，那你也必须迅速在岗位上做出与众不同的业绩，使他人无觊觎之心。这样才能把持高薪宝座而不至于轻易丢失。现在读 MBA 提升学历者众多，大多也缘于此。

如果你是搞销售的，就应考虑成为核心销售人员。如果手上掌握有不同领域和重量级客户名单，这将使你非常不易因公司业务收缩而被裁掉。即使你所服务的企业关门大吉，在重新就业时，你也可以很容易找到新的发挥销售专长的工作岗位。道理很浅显，在经济整体环境不景气的情况下，销售的重要性越发显得突出。如果你是技术人员，就应紧跟企业发展，提高业务能力。如果你所在的企业宣布进军电子商务，你要非常清楚这些将对你产生何种影响。现在，IT 业的裁员经常是一个部门整个因为业务调整而被端掉。要想坐稳你现在的位置，就必须未雨绸缪，事先察觉公司的战略变化，提高业务能力，使自己能够承担除现在本职工作以外的公司可能提供的机会。

每一个老板都希望自己的职员能非常熟悉和了解业务知识，这样才能确保开展工作时得心应手。因此，我们必须具有丰富的知识，才能完成领导交给你的工作。这些工作所需的知识与学校所学的书本知识有很大差异，需要的是实践经验。另外，如果让老板感觉到你总是能完成更多、更重的任务，总是能很快掌握新的技能的话，相信你在他的心目中肯定会有一席之地。

独立才能让你稳住脚跟

工作有独立性，独当一面也是下属"生存"和发展的必备素质。

独当一面是一名员工在职场发展的必备素质。只有把自己的工作独立地处理得很好，让上司觉得在这方面少了你就不行，觉得你的存在并非可有可无，那样你的价值和地位才能得以巩固，才能在单位立足扎根。

下属工作有独立性才能让领导省心，领导才敢于委以重任。适时地提出独立的见解、做事能够独当一面、善于把同事和领导忽略的事情承担下来是一个好下属必备的素质。

每个单位的工作都可以看做一个整体和系统，这个整体和系统总体上由领导来把握，其中每一部分都要有具体的人分工负责，领导一般只是在宏观上控制和把握。这种分工的特点就要求下属要有独立性，能够独当一面，替领导处理一摊子问题。

事实上，领导从解决问题的角度讲也不可能事必躬亲，他的精力不允许他每件事情都操心过多，更何况有些尴尬的事情领导不便于出面，需要有那么一些下属做"马前卒"替领导挡驾。

工作有独立性，独当一面也是下属"生存"和发展的必备素质。某个下属把一摊子事独立做得很好，比如在公关或理财方面干得出色，领导就会觉得在这方面离了你就不行，觉得你的存在并非可有可无，那样你的价值和地位才能得以巩固，才能在单位立足扎根。另一方面，一个人做下属可能只是一种"过渡"，在"过渡"时期积累工作经验和锻炼各种能力是很重要的，要想在未来顺利走上领导岗位，也需要有独当一面的能力。

然而，很多人在独立性方面表现得相当差，一味地依靠领导，离开领导一事无成。在领导面前不敢发表自己的主张，唯唯诺诺，做事无主见，没有独创性，唯领导的命令是从。这样的下属领导并不喜欢，至少觉得靠不住，甚至认为有之不多、无之也不少。有些人连在工作中需要干什么、怎么干，干得怎样，一点也不清楚，凡事都向领导请示、向领导汇报，不仅不让领导省心，还给领导增添了不少麻烦，把领导搞得焦头烂额，结果把领导搞得很心烦。

因此，我们说工作有了独立性才能"吃得开"，才能在同事和领导心目中稳住脚跟。

充分锻炼工作的独立性

独当一面更多地体现在能干大事上，能够替领导承担一些棘手的问题是独立性的重要表现。

一般来说，锻炼我们的工作独立性应从以下几方面着手：

第一，要有独立见解。

独立的见解是一个人胆识、经验、能力和态度的综合反映，领导决策时很希望下属出谋划策，想出一些"点子"借他参考。当然，这些见解并不一定被采纳，但他至少可以启发领导的思路，帮助领导修正他的决策。只有这样，领导才能重视你。

阿尔巴顿·康是福特很赏识的建筑工程师，37 岁时被福特委以重任，去设计建造海兰德公园工厂。阿尔巴顿·康对此早形成了大胆且独特的方案，他问福特："把工厂设计成长 865 英尺，宽 75 英尺，四方形的 4 层建筑，以钢筋混凝土为材料，可以吗？"

"好！"福特基于信任毫不犹豫地同意了这个建议。

"玻璃占建筑物外观总面积的 75%？"阿尔巴顿·康接着问道。

这个大胆的设想对一般人而言简直不可思议，福特却深懂其中的奥妙："玻璃面积大，厂房内采光效果好，对大规模作业非常有利。"像受到启发似的，福特兴冲冲地接着说，"机械厂房设在另外一边，是一栋玻璃屋顶的一楼建筑总厂和机械厂房在天井中并有钢梁联通，上有吊车，制造完的引擎或变速器就可以利用天井中的吊车搬到总厂了。总厂 4 楼全楼面的天井也加装吊车，建造倾斜方式的生产流水作业台。"

阿尔巴顿·康心领神会:"对极啦,成品可以由高向低自然滑下,人可以不动,只要产品移动就行了。"

"太好了!就照这样设计吧!"福特最后拍板,充满信任地把这个任务交给阿尔巴顿·康去办。

独立的见解需要用合适的方式发展,阿尔巴顿·康正是掌握好交谈的节奏,通过启发诱导并给福特以充分考虑的时间和空间,让自己的见解融入福特的意见,最终给福特的感觉是:这家伙的设想真大胆,受其启发我也竟想出这些好办法。

第二,能够独立地承担一些重量级任务。

独当一面更多地体现在能干大事上,能够替领导承担一些棘手的问题是独立性的重要表现。

尼古拉就是林肯身边能够替林肯处理很多麻烦事的亲信。林肯当选总统后,经常派尼古拉到华盛顿以外的地方去执行极为重要的政治任务,如调解一场有使纽约共和党发生内讧危险的关于授权问题的激烈争吵,或派到明尼苏达州去协助消弭一场印第安人的战争。在1864年重新确定总统候选人的共和党代表大会上,他是林肯的个人观察员。林肯当选总统后工作忙,不可能亲自翻阅报纸,为了关注报纸对总统的评论,只好依靠尼古拉严密注视报界动向,尼古拉便对重要消息作简短提要,这项工作直至今天仍是大多数政府的一项固定工作。

第三,把被同事忽略的事情承担下来。

任何单位无论分工多么细致,也总有一些不起眼的地方被大家忽视,有心的下属往往注意于细微处下工夫,独立地把这类工作承担下来。在领导眼里,这些做法属于填补空白、弥补疏漏的行为,说明你比其他人心更细、心眼更多一点、考虑更周全些。

某单位订阅了《领导参阅》杂志,大家看完后便扔进放在墙角随时准备扔掉的纸袋里,谁也没想到日后还有用。同事李琳琳觉得这么重要的资料扔掉很可惜,就一期一期地收集大家扔掉的

《领导参阅》。年末，一位副书记忽然想起要看这份资料，大家忙得焦头烂额慌了手脚，此时，李琳琳笑眯眯地把自己苦心收集了一整年的《领导参阅》呈给副书记，副书记很吃惊又很欣赏地表扬了这个"别有用心"的细心人，要求大家不要光知道做面上的事，更要注意工作中易被忽视的问题。

Part 4

热忱负责
——一分耕耘一分收获

现在的企业中，每个人都承受着巨大的压力，同事间的竞争、工作方面的要求，以及一些生活琐事，无时无刻不在冲击着我们。若没有热忱作支撑，你很快就会在这种重压下倒下来。反过来，热忱充满你的内心，让热忱做你"内心的神"，那么你将成为"职场上的神"，成为企业的优秀员工。

热忱是我们工作的灵魂

> 如果你不能使自己的全部身心都投入工作中去，你无论做什么工作，都可能沦为平庸之辈。

我们都欣赏满腔热情工作的人。热忱可以通过分享来复制，而不影响原有的程度，它是一种分给别人之后反而会增加利润的资产。你付出的越多，得到的也会越多。生命中最巨大的奖励并不是来自财富的积累，而是由热忱带来的精神上的满足。

当你兴致勃勃地工作，并努力使自己的老板和顾客满意时，你所获得的利益就会增加。在你的言行中加入热忱吧！热忱是一种神奇的要素，吸引并且影响着人们，同时它也是成功的基石。

诚实、能干、友善、忠于职守、淳朴，所有这些特征，对准备在事业上有所作为的年轻人来说，都是不可缺少的，但是更不可或缺的是热忱。

发明家、艺术家、音乐家、诗人、作家、英雄、人类文明的先行者、大企业的创造者，无论他们来自什么种族、什么地区，无论在什么时代，那些引导着人类从野蛮社会走向文明的人们，无不是充满热忱的人。

如果你不能使自己的全部身心都投入工作中去，你无论做什么工作，都可能沦为平庸之辈。你无法在人类历史上留下任何印记；做事马马虎虎，只有在平平淡淡中了却此生。如果是这样，你的人生结局将和千百万的平庸之辈一样。

热忱是工作的灵魂，甚至就是生活本身。年轻人如果不能从每天的工作中找到乐趣，仅仅是因为要生存才不得不从事工作，仅仅是为了生存才不得不完成职责，这样的人注定是要失败的。当年轻人以这种状态来工作时，他们一定犯了某种错误，或者错误地选择了人生的奋斗目标，使他们在天性所不适合的职业上艰难跋涉，白白地浪费着精力。他们需要某种内在力量的觉醒，应当被告知，这个世界需要他们做最好的工作，我们应当根据自己的兴趣把各自的才智发挥出来，把各人的能力，增至原来的10倍、20倍、100倍。

从来没有什么时候像今天这样，给满腔热情的年轻人提供了如此多的机会！这是一个年轻人的时代，世界让年轻人成为真与美的阐释者。大自然的秘密，就要由那些准备把生命奉献给工作的人、那些热情洋溢地生活的人来揭开。各种新兴的事物，等待着那些热忱而且有耐心的人去开发。各行各业，人类活动的每一个领域，都在呼唤着满怀热忱的工作者。

热忱是战胜所有困难的强大力量，它使你保持清醒，使你全身所有的神经都处于兴奋状态，去进行你内心渴望的事；它不能容忍任何有碍于实现既定目标的干扰。

热忱才能让人积极向上

> 离开了热忱，任何人都算不了什么；而有了热忱，任何人都不可以小觑。

著名音乐家亨德尔年幼时，家人不准他去碰乐器，不让他去上学，哪怕是学习一个音符。但这一切又有什么用呢？他在半夜里悄悄地跑到秘密的阁楼里去弹钢琴。莫扎特孩提时，成天要做大量的苦工，但是到了晚上他就偷偷地去教堂聆听风琴演奏，将他的全部身心都融化在音乐之中。巴赫年幼时只能在月光底下抄写学习的东西，连点一支蜡烛的要求也被蛮横地拒绝了。当那些手抄的资料被没收后，他依然没有灰心丧气。同样地，皮鞭和责骂反而使儿童时代充满热忱的奥利·布尔更专注地投入他的小提琴曲中去。

没有热忱，军队就不能打胜仗，雕塑就不会栩栩如生，音乐就不会如此动人，人类就没有驾驭自然的力量，给人们留下深刻印象的雄伟建筑就不会拔地而起，诗歌就不能打动人的心灵，这个世界上也就不会有慷慨无私的爱。

热忱使人们拔剑而出，为自由而战；热忱使大胆的樵夫举起斧头，开拓出人类文明的道路；热忱使弥尔顿和莎士比亚拿起了笔，记下他们燃烧着的思想。

"伟大的创造，"博伊尔说，"离开了热忱是无法做出的。这也正是一切伟大事物激励人心之处。离开了热忱，任何人都算不了什么；而有了热忱，任何人都不可以小觑。"

热忱，是所有伟大成就的取得过程中最具有活力的因素。它融入了每一项发明、每一幅书画、每一尊雕塑、每一首伟大的诗、每一部让世人惊叹的小说或文章当中。它是一种精神的力量。它只有在更高级的力量中才会生发出来。在那些为个人的感官享受所支配的人身上，你是不会发现这种热忱的。它的本质就是一种积极向上的力量。

最好的劳动成果总是由头脑聪明并具有工作热情的人完成的。在一家大公司里，那些吊儿郎当的老职员们嘲笑一位年轻的同事的工作热情，因为这个职位低下的年轻人做了许多自己职责范围以外的工作。然而不久他就被从所有的员工中挑选出来，当上了部门经理，进入了公司的管理层，令那些嘲笑他的人瞠目结舌。

成功与其说是取决于人的才能，不如说取决于人的热忱。这个世界为那些具有真正的使命感和自信心的人大开绿灯，到生命终结的时候，他们依然热情不减当年。无论出现什么困难，无论前途看起来是多么的暗淡，他们总是相信能够把心目中的理想图景变成现实。

热忱，使我们的决心更坚定；热忱，使我们的意志更坚强！它给思想以力量，促使我们立刻行动，直到把可能变成现实。不要畏惧热忱，如果有人愿意以半怜悯半轻视的语调把你称为狂热分子，那么就让他这么说吧。一件事情如果在你看来值得为它付出，如果那是对你的努力的一种挑战，那么，就把你能够发挥的全部热忱都投入其中去吧，至于那些指手画脚的议论，则大可不必理会。笑到最后的人，才笑得最好。成就最多的，从来不是那些半途而废、冷嘲热讽、犹豫不决、胆小怕事的人。

就像美一样源源不断的热忱，使你永葆青春，让你的心中永远充满阳光。记得有位伟人如此警告说："请用你的所有，换取对这个世界的理解。"而我们要这样说："请用你的所有，换取满腔的热情。"

以最佳的精神状态工作

你可以没有经验，但不可以
没有激情。

你可以没有经验，但不可以没有激情。微软的招聘官员说："我们愿意招的微软人，首先应是一个非常有激情的人，即对公司有激情、对技术有激情、对工作有激情。"

以最佳的精神状态工作，不但可以提升你的工作业绩，而且还可以给你带来许多意想不到的成果。而没有激情，世界上最先进、最快捷的工作方式和方法都会黯然失色，因为发挥不了它本来的作用，反而变得不如平凡的方式方法。可是，要长久地保持工作激情，谈何容易？所以，即使你的工作激情真的渐渐减弱，只要做到以下两点，也可以让老板感受到你激情依旧：

1. 远离拖延

虽然你最终完成了工作，但拖后腿和低效率使你显得还是不能胜任此项工作。对于你的延误，老板会认为是你缺少激情和兴趣。所以，一旦老板安排了你的工作或者你确定了自己的工作计划，就必须马上付诸行动，认真地完成它。至于你有什么想法或懈怠的念头，大可以回到家倒在床上好好地发泄出来。

2. 远离沮丧

激情是你责任心和上进心的外在表现，这是任何老板都愿意看到的。同样的，老板也不可能指望一个随波逐流、沮丧的职员会取得什么不凡的业绩。当你觉得心情沮丧的时候，就要有意识地让自己走路时昂首挺胸，与人交谈时面带微笑，工作时神情专注，穿着上多花点心思，如果是女性就化一个漂亮的淡妆……如此就能将你的沮丧很好地加以掩饰，也给老板、给同事、给自己带来积极的影响。

热忱可以让人创造奇迹

> 当你以热忱之心全心全意致力于工作时，哪怕是最乏味的工作，你也会干得兴致勃勃。

企业成功的关键在于优秀员工，而支撑员工不断成长的是内心的热情。成功总是偶然性与必然性的结合，而支撑在成功背后的却是成功者对事业持久追求的热忱。而这种热忱正是他们高出众人的独有的素质。

一个家境很不好的大学生，到一家叫"希尔电工"的公司做小员工。他很珍惜这次工作机会，对自己的公司也很热爱。他每次出差住旅馆的时候，总是在自己的姓名后面加上一个括号，写上"希尔电工"四个字，在平时的书信和收据上也这样写，天天如此，年年如此。"希尔电工"的签名一直伴随着他，他的这种做法引起了同事们的注意，于是就送了他一个"希尔电工"的绰号，而他的真名却渐渐被人们淡忘了。

公司总经理知道了这件事后，被年轻人努力宣扬公司声誉的行为深深地感动了。他特地邀请这个年轻人到咖啡馆，边喝咖啡边交流，不知不觉长谈到了深夜。公司总经理问他："你为什么这样推崇自己的公司？"

他说："公司是我们集体的家园，只有这个家园强盛了，我们这些人才能幸福。"后来，他逐步被提升为组长、部长、副总，直至成了"希尔电工"公司的总经理。"希尔电工"的成功你也许不服气，认为这种小事谁都能做。不错，在很多方面胜过他的人一定不在少数，但像他那样多少年如一日爱公司如爱自己家的人能有几个？像他那样把爱业、敬业、勤业的热忱化作一种有影响的企业精神的人能有几个？

当你以热忱之心全心全意致力于工作时，哪怕是最乏味的工作，你也会干得兴致勃勃，从中体味出劳动、奉献的快乐。而当你因嫌弃自己的工作，不愿干、不喜欢却又无可选择，不得不干时，情绪低落，怨气冲天，即使已尽到了职责，上司或老板也不会给你好评。因此，假如你已经干上你并不喜欢的工作，在暂时不可能变更的情况下，就要努力改变认识和态度，使自己爱上这一行，并尽全力干好这一行。而干好这一行则是为你以后的工作变动创立一个良好的前提，打下一个有利于你人生转折的坚实基础。

著名人寿保险推销员法兰克·派特正是凭借着热忱，创造了一个又一个奇迹。"当时我刚转入职业棒球界不久，遭到有生以来最大的打击，因为我被开除了。我的动作无力，因此球队的经理有意要我走人。他对我说：'你这样慢吞吞的，哪像是在球场混了20年的人。法兰克，离开这里之后，无论你到哪里做任何事，若不提起精神来，你将永远不会有出路。'

"我参加了亚特兰斯克球队，月薪只有25美元，我做事当然没有热情，但我决心努力试一试。待了大约10天之后，一位名叫丁尼·密亭的老队员把我介绍到新凡去。在新凡的第一天，我的一生有了一个重大的转变。我想成为英格兰最具热情的球员，并且做到了。我一上场，就好像全身带电一样。我强力地击出高球，使接球的人双手都麻木了。记得有一次，我以强烈的气势冲入三垒，那位三垒手吓呆了，球漏接了，我就盗垒成功了。当时气温非常高，我在球场上奔来跑去，极有可能中暑而倒下去。

"这种热情所带来的结果让我吃惊，我的球技出乎意料的好。同时，由于我的热情，其他的队员也跟着热情高涨起来。由于对工作和事业的热情，我的月薪由 25 美元提高到 185 美元，多了 7 倍。在后来的两年里，我一直担任三垒手，薪水加到当初的 30 倍之多。为什么呢？就是因为一股热情，没有别的原因。"

后来由于手臂受伤，派特不得不放弃打棒球。他来到了菲特列人寿保险公司当保险员，但整整一年都没有成绩，他因此非常苦恼；后来他像当年打棒球一样，又对工作充满热情，很快他就成了人寿保险界的大红人。

由此可见，热忱对一个人的成功是多么的重要。现在的企业中，每个人都承受着巨大的压力，同事间的竞争、工作方面的要求以及一些生活琐事，无时无刻不在冲击着我们。若没有热忱作支撑，你很快就会在这种重压下倒下来。反过来，热忱充满你的内心，让热忱做你"内心的神"，那么你将成为"职场上的神"，成为企业的优秀员工。

积极主动的态度很重要

> 工作需要热情和行动，工作需要一种积极主动、自动自发的精神。自动自发地工作的员工，将获得工作所给予的更多的奖赏。

在工作中，保持积极主动往往是正确的态度。领导不希望看见自己的员工消极，因为消极的态度会扼杀在工作中的创造性，降低工作效率。相反，领导非常欣赏那些工作主动积极的人，因为这样会发挥自己的创造性，大大提高工作效率，给公司或单位带来好的效益。这样的人，必将会成为公司不可或缺的优秀员工。

身处职场，想比别人更成功更出色吗？办法只有一个，那就是积极主动地工作。

但遗憾的是，很多员工的想法恰恰与此相反，他们认为公司是老板的，自己只是一个高级打工人员，归根到底还是在要死要活地替别人工作。很自然的，有这种想法的员工很容易成为"牙膏"式的员工，天天按部就班地工作，缺乏活力，除非老板推一下挤一下，他才动一动。有的甚至会出现逆向选择和道德风险。

那么老板们怎么看待这个问题呢？英特尔总裁安迪·葛洛夫应邀对加州大学伯克利分校毕业生发表演讲的时候，提出以下的建议："不管你在哪里工作，都别把自己当成员工——应该把公司看做自己开的一样。"在任何公司里，你除了能要求自己以外，剩下的任何人或事都不是你所能控制的，你只有积极主动，用向上的心态去待人处世才可能创出自己的一片新天地。

在公司里，很多员工都认为只要准时上班，按时下班，不迟到、不早退就是完成工作了，就可以心安理得地去领工资了。其实，工作首先是一个态度问题，工作需要热情和行动，工作需要努力和勤奋，工作需要一种积极主动、自动自发的精神。自动自发地工作的员工，将获得工作所给予的更多的奖赏。

坦诚地说，很多在公司任职的人在这方面是茫然的。他们每天在茫然的上班、下班，到了固定日子领回自己的薪水，高兴一番或抱怨一番之后，仍然茫然地去上班、下班……他们从不思索关于工作的问题：什么是工作？工作是为什么？可以想象，这样的人，他们只是被动地应付工作，为工作而工作，他们不可能在工作中投入自己全部的热情与智慧。他们只是机械地完成任务，而不是去创造性地、自动自发地工作。

他们没想到，他们固然是踩着时间的尾巴准时上下班的，可是，他们的工作很可能是死气沉沉的、被动的。当他们的工作依然被无意识所支配的时候，很难说他们对工作的热情、智慧、信仰、创造力被最大限度地激发出来了，也很难说他们的工作是卓有成效的。他们只不过是在"过日子"或者"混日子"罢了！

其实，工作是一个包涵了诸多智慧、热情、信仰、想象和创造力的词汇。卓有成效和积极主动的人，他们总是在工作中付出双倍甚至更多的智慧、热情、信仰、想象和创造力，而失败者和消极被动的人，却将这些深深地埋藏起来，他们有的只是逃避、指责和抱怨。

应该明白，那些每天早出晚归的人不一定是认真工作的人，那些每天忙忙碌碌的人不一定是优秀地完成了工作的人，那些每天按时打卡、准时出现在办公室的人不一定是尽职尽责的人。对他们来说，每天的工作可能是一种负担、一种逃避，他们并没有做到工作所要求的那么多、那么好。对每一个企业和老板而言，他们需要的决不是那种仅仅遵守纪律、循规蹈矩，却缺乏热情和责任感，不能够积极主动、自动自发地工作的员工。

员工应该学会控制自己的态度。影响你的态度的，不是老板，不是工作；不是父母，也不是失败，而是你自己。你怎么想，怎么反应，全看你自己。

在生命的任何时刻，你的态度都是由自己安排决定的。你可以让它帮助你，也可以让它破坏你。态度本身无所谓是非，它只是通往结果的方式。不管你的目标是什么，你的态度决定了你的方向。不论这些目标是积极的或消极的、正确的或错误的、能够提升自己或将导致自我毁灭，态度都由你自己决定，就像电脑依据输入的程序印出文字或表格一样。

即使在万事不顺遂的时候，只要思想积极，依然能够渡过难关，在解决问题或情况改变之前，保持充沛的精力，将使你不致陷入泥沼，反而能够屡扑屡起。

工作不是一个关于干什么事和得多少报酬的问题，而是一个关于生命的问题。工作就是自动自发，工作就是付出努力。正是为了成就什么或获得什么，我们才专注于什么，并在那方面付出精力。从这个本质的方面说，工作不是我们为了谋生才去做的事，而是我们用生命去做的事！

成功取决于态度，成功也是一个长期努力积累的过程，没有谁是一夜成名的。所谓的主动，指的是随时准备把握机会，展现超出他人要求的工作表现，以及拥有"为完成任务，必要时不惜打破常规"的智慧和判断力。知道自己工作的意义和责任，并永远保持这一种自动自发的工作态度，为自己的行为负责，是那些成就大业之人和凡事得过且过之人的根本区别。

明白这个道理，并以这样的眼光来审视我们的工作，工作就不再成为一种负担，即使是最平凡的工作也会变得意义非凡。在各种各样的工作中，当我们发现那些需要做的事情，哪怕并不是分内事的时候，也就意味着我们发现了超越他人的机会。因为在这自动自发地工作的背后，需要你付出的是比别人多得多的热情、智慧、创造力和想象力。

积极主动不是埋头苦干

在日常工作中光是苦干蛮干是不行的，更要巧干。

虽然积极主动的工作态度不完全是为了讨好和迎合老板们的喜好。但我们也不应该在公司里只知道埋头苦干，而完全不顾及我们的努力老板是否看到。某种程度上说，花点心思让老板认可你的这种积极主动的态度，要远比你把所有心思都用在如何努力工作上所给你带来的益处要多得多。

是的，让老板知道你在做什么，正在以什么样的心情工作，这显然是一种明智的举动。一个优秀员工的聪明之处，一是体现在工作上的出类拔萃，再就是体现在他是如何巧妙地让领导或老板知道他为公司作出了哪些突出的贡献，更精明的员工则能揣度老板的心思，了解老板的好恶，同时尽可能地把自己的优点和可取之处通过各种方法表现给老板或让老板知道。从而在老板的心中树立起良好的形象。

所以在日常工作中光是苦干蛮干是不行的，更要巧干。当然我所说的给老板留下好印象决不是欺骗老板，如果你有这种心思，那么你一定会动起歪念头，精明的老板迟早也会发现你在有意欺骗他，这样的结果是十分不妙的。

员工和老板接触的机会是很少的，所以你应该把握住每次和老板接触的机会以展现自己，千万不要认为下次再行动。你不给老板一个好印象，而别人抓住了机会，使得他在老板心中的地位得以提高，那从某种程度上说，你在老板心中的地位就是下降了。所谓大家都在前进，唯独你原地不动，实际上就是在后退。

Part 5

不找借口

——关键时刻挺身而出

　　要想成为一个优秀的员工，成为职场上受欢迎的人，就应该做到从不在工作中寻找任何的借口为自己开脱，而是努力把每一项工作尽力做到超出老板的预期，最大限度地满足老板提出的要求。同时他们对客户对同事提出的各种要求，也同样从不找任何借口推托或延迟。

任何时候没有任何借口

> 公司中最缺少的也正是那种想尽办法去完成任务，而不是去寻找任何借口的员工。

美国成功学家格兰特纳曾经说过，如果你有自己系鞋带的能力，你就有上天摘星的机会！让我们改变对借口的态度，把寻找借口的时间和精力用到努力工作中来。因为工作中没有借口，人生中没有借口，失败没有借口，成功也不属于那些寻找借口的人！我们要想获得领导的重用，就必须改变给自己找借口的恶习。

"没有任何借口"，这是西点军校 200 年来所奉行的最为重要的行为准则，也是西点军校传授给每一位入校新生的第一个理念。他强调的是要求每一位学员都尽全力去完成每一项上级交代的任务，而不是因为没有完成任务便向长官陈述各种借口，即使是听上去非常合理的借口。正是秉承着这一理念，无数的西点毕业生在人生奋斗中取得了非凡的成就。

在职场工作中这一点也同样值得借鉴，在现实生活工作中，公司中最缺少的也正是那种想尽办法去完成任务，而不是去寻找任何借口的员工。在这些员工的身上，体现出了一种服从和诚实的态度，一种敬业和负责的精神，一种超出常人的执行能力。

在日常的工作中，我们总能够听到各种各样的借口：

"不是这样的，老板，我是准时出门的，路上实在堵车堵得厉害。"

"我可以完成的，要不是××来搅局。"

"这些东西我以前没有接触过，所以做起来有点不习惯。"

"再给我3天我就肯定完成了。"

"可是，老板，那时候我应该休假的啊，这不是公司的规定吗？"

"老板我也是人啊，要休息的，不是机器，机器还出错呢，何况是人？

也许借口可以让我们能暂时逃避责难。但是我们要知道，短期内你也许能够从各种借口中得利，但随着时间的推移你会发现借口的代价如此的高昂，它给我们个人带来的危害其实一点也不比其他任何恶习少。

人们曾经把借口归结为以下五种表现形式，它们是：

1. 这段时间我比较忙，但我会尽力的

如果你仔细和细心的话，你会发现在每个公司的每个角落里都存在着这样的员工：他们看起来总是那么忙得不可开交，一刻没有清闲，很是尽职尽责的样子。但实际上，他们是把本应很短时间内就可以完成的工作故意拖延得很长，往往需要半天甚至更多的时间。找借口的一个最直接后果就是易让人养成拖延的坏习惯。这些人不会拒绝任何任务，但他们只是不努力，他们以各种各样的借口，拖延逃避。这样的员工很难让人找到他的什么毛病，甚至会使主管认为他在很卖力地工作，蒙蔽住上级的眼睛。

2. 我以前从没这么做过，什么都要重新摸索

任何一个新的任务都需要一定的创新和进取精神，而喜欢寻找借口的人往往趋于守旧，他们缺乏的正是这种创新精神和自动自发工作的热情。

3. 他们作决定时我不在场，他们没有征求我的意见，我怎么会有责任

"这事与我无关，我不应该承担责任。"正是这些人想说的。而这些责任却恰恰是他本人应该承担的。在一个团队中想到更多

的应该是这个集体而不是个人。如果一个员工没有责任感，就不可能得到同事的信任和支持，也不可能获得老板的器重和赏识。人人都要付出寻找借口的代价，就是使整个团队运行效率下降，并最终摧毁这个团队。

4. 赶上对手？不可能！他们在许多方面都超出我们一大截

想要判断一个员工是否具有进取心，一个有效的测试方法就是问问他是如何看待自己的竞争对手的。如果他不思进取，必然会寻找这样的借口。这会带来十分严重的后果，便是让人变得更加消极，在遇到困难和挫折的时候，不是积极地去想办法克服，而是去找各种各样的借口为自己的懒惰和灰心找理由。他的言下之意就是"我不行"、"我干不了"，这种心态剥夺了个人成功的机会，最终让人一事无成。所以，要想成为一个优秀的员工就应该做到从不在工作中寻找任何的借口为自己开脱，而是努力把每一项工作尽力做到超出老板的预期，最大限度地满足老板提出的要求。同时他们对客户对同事提出的各种要求，也同样从不找任何借口推托或延迟。

寻找借口让人一事无成

在责任和借口之间，我们是选择责任还是选择借口，体现了一个人的工作态度，同样也体现了做人的基本素质。

借口是拖延的温床。在西点军校，学员接受的第一个观念就是，没有任何借口，不要拖延，立即行动！如果第一次学员因疏忽或别的原因没有及时完成自己的任务，并以种种借口逃脱了惩罚，第二次、第三次……久而久之，至少在这件事上，学员可能就会养成寻找借口的习惯。

想想吧，如果是在战场上，在修建工程时，在对敌冲锋……这样的习惯将会造成多么可怕的后果啊！这不是把问题绝对化。其实，商场如战场，工作就如同战斗。商场的竞争程度并不比战场上轻多少，我们在商场中求得生存的欲望也丝毫不比在腥风血雨的战场上少。要在商场上立于不败之地，就必须拥有一支高效的、能战斗的团队。它就是我们任务的执行者，任何一项任务的完成都不能离开它，所以团队中成员的素质就是我们取得胜利的关键因素了。商机稍纵即逝，不容许有任何的拖延。延误商机就等于延误战机，就是让我们自己离死亡更近了一步。任何一个经营者都知道，对那些做事拖延的人，是不可能给予太高的期望的。

所谓拖延就是无论任何事情都要留到明天去处理，总是能耽搁些时日觉得是一件幸福的事。它是一种很坏的工作习惯，会消耗掉我们的工作热情，降低我们的工作效率，以至于最后我们成为了老板不信任的人，断送了我们自己的前途。每当要付出劳动，或要作出决断时，总会为自己找出一些借口来安慰自己，总想让自己轻松些、舒服些。人们常常纳闷，为什么有的人如此善于找借口，却无法将工作做好，这的确是一件非常奇怪的事。因为不论他们用多少方法来逃避责任，该做的事，还是得做。而拖延是一种相当累人的折磨，随着完成期限的迫近，工作的压力反而与日俱增，这会让人觉得更加疲倦不堪。

那借口的实质是什么呢？不难得出这个结论，任何借口都是推卸责任的一种表现。在责任和借口之间，我们是选择责任还是选择借口，体现了一个人的工作态度，同样也体现了做人的基本素质。当我们遇到问题的时候，特别是难以解决的问题，可能让你愁肠百结或是寝食难安。这时候，不同素质的人就会表现出不同的态度。具有积极态度的人当然会想方设法地去解决问题，问题得不到解决反倒会寝食难安了。但是那些没有责任感的人却会想出各种各样的借口来推卸自己的责任。出现问题不是积极、主动地加以解决，而是千方百计地寻找借口，致使工作无绩效，业务荒废。借口变成了一面挡箭牌，事情一旦办砸了，就能找出一些冠冕堂皇的借口，以换得他人的理解和原谅。找到借口的好处是能把自己的过失掩盖掉，心理上得到暂时的平衡。但长此以往，因为有各种各样的借口可找，人就会疏于努力，不再想方设法争取成功，而把大量的时间和精力放在如何寻找一个合适的借口上。不要放弃努力，不要寻找任何借口为自己开脱。寻找解决问题的办法，是最有效的工作态度。即使面临各种困境，你仍然可以选择用积极的态度去面对眼前的挫折。

我们不能把找借口培养成一种习惯。习惯是可以表现出一个人的本质的，从小至老只有习惯可以伴随人的一生，习惯是在不知不觉中养成的，是某种行为、思想、态度在脑海深处逐步成形的一个漫长过程。因其形成不易，所以一旦某种习惯形成了，就具有很强的惯性，很难根除。它总是在潜意识里告诉你，这个事这样做，那个事那样做。在习惯的作用下，哪怕是做出了不好的事，你也会觉得是理所当然的。特别是在面对突发事件时，习惯的惯性作用就表现得更为明显。

比如说寻找借口。如果在工作中以某种借口为自己的过错和应负的责任开脱，第一次可能你会沉浸在利用借口为自己带来的暂时的舒适和安全之中而不自知。但是，这种借口所带来的"好处"会让你第二次、第三次为自己去寻找借口，因为在你的思想里，你已经接受了这种寻找借口的行为。不幸的是，你很可能因此形成一种寻找借口的习惯。这是一种十分可怕的消极的心理习惯，它会让你的工作变得拖沓而没有效率，会让你变得消极而最终一事无成。

克服找借口拖延的恶习

> 在任何时候、任何情况下都要时刻提醒自己不要为自己的过错找借口！那样你离成功就又近了一步。

如果你现在已经有了找借口拖延的习惯，那么请你尽快地改掉它吧，否则你注定不会成功。可是，那找借口拖延的毛病到底应该如何改正呢？我们可以试着从以下几个方面入手：

1. 大块的任务分成小块。善于化大为小，难题就好解决了。常出成绩的人大都懂得这种方法的价值。你想写二百万字的书稿吗？每天写一页，不到七个月就可完成。如果想一下子搞定，只能被目标吓倒。有了艰巨的任务，首先分解它，化成一系列小任务，再一个接一个地完成就容易搞定了。

2. 正视不合心意的工作。找一段时间专做不合心意的事务，是磨炼意志的好方法。

3. 立即动手。你的房间该打扫了吗？现在就去找工具。该交报告吗？马上拿出纸来列上几个要点。要勒令自己决不拖延，有事情及早做。

4. 利用兴致。你无意写报告，却可能有兴趣翻阅有关资料；不想修电器，却可能愿意先收集所需元件，在该办的事件中先拣有兴趣的办，让你的良好精神状态为你服务。

5. 分析利弊。对目标有意识地加以分析，看看尽快实践有啥好处，拖拉有哪些坏处，这对下定决心立即着手很有督促作用。

6. 向别人保证。请别人来督促你，会使你产生一种有益的焦虑感和时间的紧迫感，这会有效地克服拖拉的恶习。

7. 每天作结算。"明天就在眼前，学会把每一天当做礼品来对待。"把时间当做财富，你就不会再拖拉了。

8. 要有实施的勇气。勇气是克服懦弱，付诸实践的能力。潜力之所以没发挥出来，是因为自己限制了自己，缺乏突破的勇气。克服了胆怯的限制，就能充分发挥潜力。

最后，最好每天早上问自己"我面临的最大问题是什么？今天打算把它解决到什么程度？该做哪些事情？"克服了拖拉的习惯，你就会跑在时间的前面。

如果你现在还没有养成这样的坏习惯，那么借用一句古话：有则改之，无则加勉。在任何时候、任何情况下都要时刻提醒自己不要为自己的过错找借口！那样你离成功就又近了一步，你在老板心中的地位就又高了一层。

每天都要有个明确目标

没有明确目标就没有做事标准，没有明确的目标就没有动力，有了目标，才有了奋斗的方向，才会有为之奋斗的计划。

时间就是金钱，效率就是生命。提高效率对于个人来说，意味着在单位时间内可以处理更多的事情，比别人工作更出色，这不但会在公司之中证明自己的能力，提高自己的竞争力，还可以给自己的晋升奠定良好的基础。

身处职场，必须学会提高自己的工作效率，让自己比别人表现得更为出色。如果工作效率跟不上，不但得不到同事的敬重，同时也会让领导对你敬而远之，自己被淘汰的概率就会增大。

要想使自己的工作有效率，每天就必须有明确的目标。

没有明确目标就没有做事标准，没有明确的目标就没有动力，有了目标，才有了奋斗的方向，才会有为之奋斗的计划。没有明确的目标，只能是徒然分散了精力，浪费了光阴，到最后追悔莫及时还不知何故，还会慨叹：自己终日忙碌，为何命运如此的待己不公？

有一对夫妇在乡间迷了路，他们发现一位老农夫，于是停下车来问："先生，你能否告诉我们，这条路往何处去呢？"老农夫不假思索地说："孩子，如果你照正确的方向前进的话，这条路将能通往你想要去的任何地方。"这句话的意思就是你可能已在正确的道路上，如果没有方向而站着不动，你就好像迷路了。可惜的是，一般员工大多并未具备上述观念。他们不知道任何事情在做成功之前必须确定目标。

没有明确的目标做任何事都是徒劳的。法国有一位名叫约翰·法伯的科学家曾做过一个著名的试验，叫做"毛毛虫实验"。法伯把若干个毛毛虫放在一只花盆的边缘上，首尾相接，围成一圈，然后在离花盆不远的地方，撒了一些毛毛虫喜欢吃的松叶。毛毛虫开始一个跟一个，绕着花盆，一圈又一圈地走。一小时过去了，一天过去了，毛毛虫还在不停地、坚韧地爬行。一连走了7天7夜，终因饥饿和精疲力竭而全部死去。而在这个循环的爬行过程中，只要任何一只毛毛虫稍稍与众不同，便会吃上松叶。

一个人如果像毛毛虫一样，没有明确目标盲目地去做事，看起来忙碌不堪，但当问他为何而忙时，他却只能摇摇头说："瞎忙。"这种人既不会成功，也不会有真正的快乐。优秀的员工只有确定自己的目标，才有可能走向成功，享受工作的乐趣，才能找到自己的事业坐标。

做事情，仅仅制定目标是不够的，同样都是有目标的人，有人成功了，有人却失败了，这就取决于这个人是否专一于他所认定的目标。体育界的专家常会告诉你，在投篮、打高尔夫球时，都是要看着目标才能取得成功。所以，优秀员工在击中目标之前，一定要一直瞄准目标。

你可能还意识不到目标专一的力量，但它的力量却是无穷的。

英特尔公司是一家电脑晶片制造商，就因为把全部资源都放在制造更好的晶片上，该公司以一年快过一年的速度设计，并引进处理速度更快的晶片。他们之所以有这样的成就，就是因为英特尔专心致力于微处理机的研制工作，而不去担心其他（例如软件或数据机之类）的事情。

朗格的涂料制造公司——凯尔朗格公司专注于工业涂料的生产。你可能从来没听说过这家公司的名字，因为他们生产的是可以抵抗核熔化，或涂在变压器上数年不掉色的涂料，和你所使用的家用油漆无关。他被公认是这一行最好的涂料制造厂商，就连白宫也使用他生产的涂料。

这样的事例举不胜举。因此，优秀员工应该记住：做事时将注意力集中在专一目标上，这是成功的保证。

一个人做事情既要有大目标，也要有小目标，因为万丈高楼平地起，优秀员工还必须有小的目标才能一步步走向成功。小的目标同样很重要，它能使你看到奋斗的希望，从而强化你的自信心。

很多人在制定目标时，不注意建立小的目标，他们只树立了长远目标。可随着岁月的流逝，看到实现目标的希望越来越渺茫，于是他们便放弃了自己制定的目标。这样的人往往做不成什么事。所以，在事业的起点，优秀员工懂得确立每一个小的目标，这是极其重要的。

这样当优秀员工达到第一个"小目标"之后，就可以准备全力以赴对付第二个"小目标"，而此时的第二个"小目标"实际已经大于第一个"小目标"了。以此类推，才有希望达到成功的巅峰。

山田是一位拥有出色业绩的推销员，可是他一直都希望能跻身于顶尖推销员的行列。但是一开始这只不过是他的一个愿望，却从没真正去争取过。直到三年后的一天，他想起了一句话："如果让愿望更加现实具体，就会更快地实现。"于是，当晚他就开始设定自己希望的总业绩，然后再逐渐增加，今天提高5%，明天提高10%，结果顾客不知不觉间增加了20%。这大大激发了山田的热情。从此他不论什么状况，做任何交易，都会设立一个能够快速实现的数字作为目标，并在一两个月内完成。

山田对此作了一个结论："以前，我不是不曾考虑过要扩展业绩、提升自己的工作成就。但是因为我从来只是想一步到达，不曾考虑是否现实，当然所有的愿望都落空了。自从我明确设定了目标，以及为了切实实现目标而设定具体的数字和期限后，我才真正感觉到，强大的推动力正在鞭策我去完成它。"

"我觉得，目标越是明确，越能感到自己对达到目标有股强烈的自信与决心。"山田说。他的计划里包括"我想得到的地位、我想得到的收入、我想具有的能力"。然后，他详细划分了实现的步骤，据此多方面积累相关的业界知识，终于在第一年的年终，使自己的业绩创造了空前的纪录。

所以，优秀员工不仅要确定大目标，大方向，还要制定可以每天实现的小目标。每天完成一个小目标，才能不断靠近大目标，逐渐走向成功。

集中精力才能做好事情

> 花多少时间做事情并不是最重要的，关键是做事的质量，也就是做事时集中精力的程度是更加重要的。

　　很多人缺乏效率，恰恰是因为他们想有更高的效率。他们常想同时做很多的事情，结果欲速则不达。在做一件事情时，用多少时间并不重要，重要的是你是否"连贯而没有间断"地去做。

　　有人问拿破仑打胜仗的秘诀是什么。他说："就是在某一点上集中最大优势兵力。也可以说是集中兵力，各个击破。"这句精辟的话道出了集中精力对于成功的重要性。

　　要想真正成功，我们必须集中精力，全神贯注。你要提高办事效率，就必须减少干扰。如果你在 1 小时内集中精力去办事，这比花 2 小时而被打断 10 分钟或 15 分钟的效率还要高。当你受到干扰之后，你还得花时间重新启动你的思维机器，尤其当你受到几小时或几天的干扰之后，就更需要较长的时间来加热思维机器。这无疑对效率是有极大损害的。这也就是为什么有的人整体很忙，却总觉得自己的时间不够用。

　　对于很多人来说，集中精力比较难，因为他们容易受到干扰。一切都可能成为干扰：一项体育活动、热点问题、某些生活情形、与同伴的争执甚至天气等，不一而足。比如有的人在雨天不能有效工作，是因为"阴雨天影响情绪"。如果你将自己的时间主要花在应付干扰和琐碎的事务上，你永远无法真正驾驭自己的生活。

由于我们生活在一个复杂的社会群体之中，所以任何人都无法完全避免干扰。有的人也许要说，有很多干扰是我们拿薪水必须做的事情啊，例如和顾客谈话、答复员工的问题、接听老板的电话——这些都是分内的工作，是不能避免的啊。尽管如此，我们仍然能够尽量减少干扰。

首先，缺乏效率的人应该仔细地打量自己的工作和学习环境。精力无法集中的人，自称要消除精神疲劳、改变心情，常常会在写字台周围摆上各种不相干的玩意儿。实际上这些东西无形中也对你形成干扰，尽管是不易察觉的。这时候，办法只有一个，除了达到当前目的所必备的东西之外，不让自己看到其他东西。

而且在做一件事情时，用多少时间并不重要，重要的是你是否"连贯而没有间断"地去做。有些问题你应该集中全力去解决，有些问题你可以采用一点一点去做的方式。

成功的作家都认识到集中注意的重要性。现代多产小说家之一，法国侦探小说作家乔治·西默农在写一本书的时候，就把自己完全和外界隔绝开来，不接电话，不见来访的客人，不看报纸，不看来信。正如他说的，生活得"像一名苦行僧"。在他完全沉浸于写作大约11天之后，他出来了，并完成了一本最畅销的小说。

俗话说："一箭双雕"。在某些情况下，我们同时做两件事情也是可以的。但很多勤奋人狂热地想获得每一分钟的最大效用，时时都想同时去做几件事，这样就不太现实了。

歌德说过："有一件事是你总能预想到的，那就是不可预见之事。"干扰总会有的，我们应该学习如何对待它。多数干扰初看起来似乎比实际上要重要得多。而实际上很多干扰是我们完全能否认的。

另外一些我们至少在当时可以否认，也就是说，我们完全可以心安理得地将其先搁置一旁，以后再去应付。还有一些则需要我们立即关注并腾出时间来处理。既然你总是不得不面临一些

"无法预见"的燃眉之急，你应该立即采取须防措施。

比如，一个出租车司机，每个冬天总会由于还使用着夏季轮胎而有几次在雪天无法出车。你会如何评价他？你会说："他应该早作打算。"正如某些地区每个冬天都会下雪一样，如果我们能对可预见的情况早作打算，很多干扰就可以避免。

当然，谁也不能预见每个意外。生活不是一个完美计划的机械写照，不会按部就班地运行。有时会出现燃眉之急，要求我们立即处理。紧急情况出现的可能性较高以致每周甚至每天都发生。关键在于，应该把这些干扰纳入计划，而不是让它们来瓦解计划。要么你围着干扰转，要么让干扰跟着你转。

我们应该懂得在日程表中安排一个专门处理干扰的时间。为此每天应至少应该安排 2 小时。如果不出现问题，你就赢得了额外的时间。无论如何，你不要让干扰耽误了你所计划的结果。同样，你也可以每 14 天安排 1 天专门处理干扰，或是每 6 个月安排 3~5 天。如果可能，你可以聘请某人，替你处理那些可由他人代你应付的干扰。这些都是很有效的方法。

总之，我们应时刻记住，花多少时间做事情并不是最重要的，关键是做事的质量，也就是做事时集中精力的程度是更加重要的。重视时间的长短却不重视利用它的效果是有些人经常走入的一个误区。

另外，不管是学得更快，还是干得更快，都是一个效率的问题。

如何在你的日常工作和生活中，使效率得到充分的显示？最实用、最重要的方法则是——集中精力、高度投入。三心二意，心猿意马，绝不可能换来高效率，就是天才也不行。反之，有效地把精力、时间集中在当前所做的事情上，就可以产生能量聚焦效应。高度专注、高度投入，这是提高效率最简单最有效的秘诀。

比尔·盖茨从小就精力过人，从小就极爱思考，一旦迷上某事便能全身心投入。在湖滨中学读书时，常按自己的兴趣爱好来安排学习。比尔·盖茨在喜欢的课程上狠下工夫，学得非常棒，如数学和阅读方面。每次父母看到比尔拿回来的成绩单，尽管他们知道比尔在一些课程上会学得更好，但他们并没有拉下脸来责备比尔·盖茨。因为他们知道这样的学习才是高效的学习，才能始终保持那种难得的专注意志，从而有利于将来创造人生的大业。

那些成功的人士，其实没有什么超人的本领，如果说有的话，他们只不过比别人更善于利用时间、管理时间。

有意识地训练自己在利用时间方面的本领，你才能从时间里找到自己更多的人生价值。

学会化繁为简的工作法

> 必须善于在纷纭复杂的事物中，抓住主要环节不放，"快刀斩乱麻"，使复杂的状况变得有脉络可寻，从而使问题易于得到解决。

效率往往就是从简化开始的。把事情化繁为简的一个关键是抓住事物的主要矛盾。永远要记住杂乱无章是一种必须祛除的坏习惯。

有这样两种类型的人：一种是善于把复杂的事物简单化，办事又快又好；另一种是把简单的事物复杂化，使事情越办越糟。当我们让事情保持简单的时候，生活显然会轻松很多。不幸的是，倘若人们需要在简单的做事方法和复杂的做事方法之间进行选择，我们中的大部分人都会选择那个复杂的方法。如果没有什么复杂的方法可以利用的话，那么有些人甚至会花时间去发明出来。这也许看起来很荒谬，但真有不少这样的事。很多勤奋的人就在做这样的事。

我们没有必要把自己的工作变得更复杂。爱因斯坦说："每件事情都应该尽可能地简单，如果不能更简单的话。"我们不必担心人们会让他生活中的事情变得太简单。问题刚好相反：大部分人把他们的生活变得太复杂化，而且还总奇怪为什么他们有这么多令人头疼的事情和大麻烦。他们恰恰是那些外表看起来很勤奋的人。

有很多人沉迷于找到许多方法使个人生活和业务变得复杂化。

他们在追求那些不会给他们带来任何回报的事情上浪费了大量的金钱、时间和精力。他们和那些对他们毫无益处的人待在一起。在某种程度上这简直像受虐狂。

许多人都趋于把自己的工作变得更困难和复杂。他们快被自己的垃圾和杂物活埋了，那就是他们的物质财产、与工作相关的活动、关系网、家庭事务、思想和情绪。这些人无法实现像他们所希望的那么成功，原因是他们给自己制造了太多的干扰。

将事情化繁为简的一个关键是抓住事物的主要矛盾。必须善于在纷纭复杂的事物中，抓住主要环节不放，"快刀斩乱麻"，使复杂的状况变得有脉络可寻，从而使问题易于得到解决。

同时他还意味着要善于排除工作中的主要障碍。主要障碍就像瓶颈堵塞一样，必须打通，否则工作就会"卡壳"，耗费许多不必要的时间和精力。

永远要记住，杂乱无章是一种必须祛除的坏习惯。有些人将"杂乱"作为一种行事方式，他们以为这是一种随意的个人风格。他们的办公桌上经常放着一大堆乱七八糟的文件。他们好像以为东西多了，那些最重要的事情总会自动"浮现"出来。对某些人来说他们的这个习惯已根深蒂固，如果我们非要这类人把办公桌整理得井然有序，他们很可能会觉得像穿上了一件"紧身衣"那样难受。不过，通常这些人能在东西放得这么杂乱的办公桌上把事情做好，很大程度上是得益于一个有条理的秘书或助手，弥补了他们这个杂乱无章的缺点。

但是，在多数情况下，杂乱无章只会给工作带来混乱和低效率。它会阻碍你把精神集中在某一单项工作上，因为当你正在做某项工作的时候，你的视线不由自主地会被其他事物吸引过去。另外，办公桌上东西杂乱也会在你的潜意识里制造出一种紧张和挫折感，你会觉得一切都缺乏组织，会感到被压得透不过气来。

如果你发觉你的办公桌上经常一片杂乱，你就要花时间整理一下。把所有文件堆成一堆，然后逐一检视（大大地利用你的纸篓），并且按照以下四个方面的程度将它们分类：即刻办理、次优先、待办和阅读材料。

把最优先的事项从原来的乱堆中找出来，并放在办公桌的中央，然后把其他文件放到你视线以外的地方——旁边的桌子上或抽屉里。把最优先的待办件留在桌子上的目的是提醒你不要忽视它们。但是你要记住，你一次只能想一件事情，做一件工作。因此你要选出最重要的事情，并把所有精神集中在这件事上，直到把它做好为止。

每天下班离开办公室之前，把办公桌完全清理好，或至少整理一下。而且每天按一定的标准进行整理；这样会使第二天有一个好的开始。

不要把一些小东西——全家福照片、纪念品、钟表、温度计以及其他东西过多地放在办公桌上。它们既占据你的空间也分散你的注意力。

每个坐在办公桌前的人都需要有某种办法来及时提醒自己一天中要办的事项。电视演员在拍戏时，常常借助各种记忆法，使自己记住如何叙说台词和进行表演。你也可以试试。这时日历也许很有帮助，但是最好的办法可能是实行一种待办事项档案卡片（袋）制度，一个月每一天都有一个卡片（袋），再用些袋子记载以后月份待办事项（卡片）。要处理大量文件的办公室当然就需要设计出一种更严格的制度。

此外最好对时间进行统筹，比如到办公室后，有一系列事务和工作需要做，可以给这些事务和工作安排好时间：收拾整理办公桌3分钟；整理一天工作计划的安排5分钟；对关于某一报告的起草15分钟，等等。

总之，那些容易把事情复杂化的无数人应该学会的一种能力是：清楚地洞察一件事情的要点在哪里，哪些是不必要的繁文缛节，然后用快刀斩乱麻的方式把它们简单化。这样不知要节省多少时间和精力，从而能大大提高你的效率。

在必要时候要挺身而出

在关键时刻挺身而出，替企业妥善地解决困境，不仅能充分展示你的能力，而且会让企业体会到你的忠诚与勇气，肯定会让你在职场获得良好的晋升机会。

在关键时刻，领导才会真切地认识与了解下属。因此，当某项工作陷入困境时，你若能挺身而出，定会让领导格外器重你。当领导本人在思想、感情或生活上出现问题时，你若能妙语劝慰，也会令其格外感激。而此时若你表现得冷漠无助，畏首畏尾，胆怯懦弱，你就有可能被领导认为是一个无知无识、无情无能的平庸之辈。

常言道："疾风知劲草，烈火见真金。"在关键时刻挺身而出，替领导妥善地解决困境，不仅能充分展示你的能力，而且会让领导体会到你的忠诚与勇气，肯定会让你在职场获得良好的晋升机会。

人非圣贤，孰能无过。领导者既然是人不是神，决策就必然有失误之时。即使一贯正确，群众中也可能出现对立面。这时，也许有些人站在群众一边，同领导对着干，这可就糟透了。这样做无疑是掉进了晋升道路中难以自拔的陷阱。作为领导人，当最需要人支持的时候你支持了他，你们的关系就可以上升到一个新的层次。

因此聪明的做法是，当领导与群众发生矛盾时，你应该大胆地站出来为领导做解释与协调工作，最终还是有益于群众利益的。实际上，上级与下属的关系是十分微妙的，他既可以是领导与部下的关系，也可以是朋友关系。诚然，领导与部下身份不同，是有距离的，但身份不同的人，在心理上却不一定有隔阂。一旦你与上级的关系发展到知己这个层次，较之于同僚，你就获得了很大的心理优势。你也可能因此而得到上级的特别关怀与支持。甚至，你们之间可以无话不谈。至此，可以预言，你的晋升之日已经为期不远了。

某公司部门经理于雷由于办事不力，受到公司总经理的指责，并扣发了他们部门所有职员的奖金。这样一来，大家很有怨气，认为于经理办事失当，造成的责任却由大家来承担，所以一时间怨气冲天，于经理处境非常困难。这时秘书刘彦站出来对大家说："其实于经理在受到批评的时候还为大家据理力争，要求总经理只处分他自己而不要扣大家的奖金。"听到这些，大家对于经理的气消了一半儿，小刘接着说，"于经理从总经理那里回来时很难过，表示下个月一定想办法补回奖金，把大家的损失通过别的方法弥补回来。其实这次失误除于经理的责任外，我们大家也有责任。请大家体谅于经理的处境，齐心协力，把公司业务搞好。"小刘的调解工作获得了很大的成功。按说这并不是秘书职权之内的事，但小刘的做法却使于经理如释重负，心情豁然开朗。接着于经理又推出了自己的方案，进一步激发了大家的热情，很快纠纷得到了圆满的解决。小刘在这个过程中的作用是不小的，于经理当然另眼相看。可见，善于为别人排忧解难，对于更好地工作的确是有利的。

在日常工作交往中，很可能会出现这样的情况，某件事情明明是上一级领导耽误了或处理不当，可在追究责任时，上面却指责自己没有及时汇报或汇报不准确。这时就应该有个妥善的方式去处理。

　　某机关部里下达了一个关于质量检查的通知后，要求各省、地区的有关部门届时提供必要的材料，准备汇报，并安排必要的下厂检查。某市轻工局收到这份通知后，照例是先经过局办公室主任的手，再送交有关局长处理。这位局办公室主任看到此事比较急，当日便把通知送往主管的某局长办公室。当时，这位局长正在接电话，看见主任进来后，只是用眼睛示意一下，让他放在桌上即可。于是，主任照办了。然而，就在检查小组即将到来的前一天，部里来电话告知到达日期，请安排住宿时，这位主管局长才记起此事。他气冲冲地把办公室主任叫来，一顿呵斥，批评他耽误了事。在这种情况下，这位主任深知自己并没有耽误事，真正耽误事情的正是这位主管局长自己，可他并没有反驳，而是老老实实地接受批评。事过之后，他又立即到局长办公室里找出那份通知，连夜加班加点、打电话、催数字，很快地把所需要的材料准备齐整。这样，局长也越发看重这位忍辱负重的好主任了。

　　那位主任明明知道这件事不是他的责任，而又挺身而出，闷着头承担这个罪名，背这个"黑锅"。很重要的一点就在于，他知道在必要的时候必须为领导背黑锅。这样，尽管眼下自己会受到一点损失，挨几句批评，但到头来，自己仍然会有相当大的好处，事实上证明他的做法和想法是正确的。因此，关键时刻挺身而出也是为自己铺了一条后路。

关键时候就要表现自己

关键时刻的难题最能考验人，所以必须具备冲上去的勇气。

在一些重要的关头，领导也会碰到棘手的难题，如果在此关键时刻，其他同事都束手无策、你却挺身而出，替领导解决燃眉之急，使问题迎刃而解，那么，你一方面显示了自己的能力，另一方面，不仅你的同事会佩服你，也会让你的领导对你另眼相看。

日常生活中我们经常听到一些人受到诸如"关键时刻掉链子"的埋怨，这样的下属不会受领导的喜欢的。像"砸锅"这类的事情比比皆是。

马谡是诸葛亮手下的大将，屡立战功，也算是一位功臣，然而却留下了大意失街亭的遗憾。司马懿出兵进攻街亭这个咽喉要塞，为诸将提供了一个表现才能的好机会，马谡也瞅准了这个关键时刻主动请求把守街亭。诸葛亮深知街亭的战略意义重大，提醒道："街亭虽小，干系甚重：倘街亭有失，吾大军休矣。汝虽深通谋略，此地奈无城郭，又无险阻，守之极难。"马谡立功心切，立下军令状，但他的想法并未如愿。街亭失守，打乱了诸葛亮出祁山的计划，马谡不仅没能立功，还丧失了卿卿性命，真称得上"十清一俗"。而同去的赵云、邓芝却表现甚好，没有损兵折将，还保证了军资什物的安全，深得孔明的喜欢。孔明亲自率领诸将出迎，见到赵云说："是吾不识贤愚，以致如此！各处兵将败损，惟子龙不折一人一骑，何也？"邓芝回答说："某引兵先行，子龙独自断后，斩将立功，敌人惊怕，因此军资什物，不曾遗弃。"孔明夸奖道："真将军也！"还赏赐赵云50斤金子，取绢一万匹赏给赵云的部卒。赵云推辞不受，孔明更是倍加钦敬，叹道："先帝在日，常称子龙之德，今果如此！"

同样的关头，同样的机遇，马谡把事情办砸了，赵云和邓芝却把事情办得很好，一个伤了孔明的心，一个赢得了孔明的赏识和敬佩，所以，关键时刻表现自己有很多经验值得总结。

关键时刻的难题最能考验人，所以必须具备冲上去的勇气。有的下属确实有才能，但害怕困难，或者采取事不关己高高挂起的明哲保身的态度，因而不敢在紧要关头站出来，自己的才能也不会被人发现。但是，单凭满腔热情和勇气并不足够。关键时刻表现出色还必须知彼知己，方能百战不殆。马谡虽然具备了足够的勇气使他承担了守街亭的重任，但他并不了解敌我双方的情况，没有认真观察地形，同时刚愎自用，不听劝谏，于是稀里糊涂打了败仗。古语也说，没有金刚钻，不揽瓷器活。即不能正确估价自己的能力，也不能估计事情的难度，势必有很大盲目性。马谡在估价自己时认为："某自幼熟读兵书，颇知兵法。岂一街亭不能守耶？"马谡在估价对手时放言："休道司马懿、张郃，便是曹睿亲来，又何惧哉！"马谡看了街亭地势后，还嘲笑孔明多心，还违背孔明的交代驻军在山头上，却执意不听王平的劝告。这些失误没有理由不导致失败。如果马谡能正确分析敌我形势，不致于到这种结局。

在知彼知己的基础上，基本上能心中有数。知己者明，知彼者智。如果认为关键时刻有把握解决好难题，要毫不犹豫地承担下来，取得领导的赏识。如果认为自己把握不大，也不要打肿脸充胖子，不要硬着头皮硬上，如果是领导安排的要向他说明自己的难处，须知，推辞掉的代价并不比失败的代价大，这样做也可以把机会让给别人。

善于把握你的关键时刻

> 对关键时刻的把握是一个人能力的体现。有的人平时并不见得有什么过人之处，但在一些重要时刻，他却表现得尽善尽美。

一位处长买了一张新的计算机桌，他就让小何把桌子安装起来。小何动手能力平时就很差，加上对计算机桌架结构不了解，忙了一上午，满头大汗也没安装好。处长很不高兴，就让一位叫小邓的女下属去帮着做，桌架很快安装好了。处长当面把小邓表扬了一番，转过来批评怏怏不乐的小何道："你干不了，早说不就结了。何必装腔作势，不懂装懂。"这种情况下，小何讨了个没趣，承担了超出自己能力范围的任务，真可谓犯了大忌。或许小何会埋怨自己的好心当了驴肝肺，但主要原因还得从他自身找起，这种适得其反的事情千万不要硬着头皮去做。

善于把握关键时刻获得领导的信任和重视，一方面要善于发现某些关键时刻，另一方面也要善于把某些时刻变为关键时刻，善于创造关键时刻。一般地讲，关键时刻主要有下列几种情况：

第一，上级派下难度较大而且影响较大的任务时，做好这样的工作对领导而言至关紧要，下属应当全力以赴，协助领导圆满完成任务，不可袖手旁观。

第二，其他同事忙于某些事情，人手不足但事情却很多时，也要多承担任务，井井有条地把每一件事情都干得相当出色，领导自然会看在眼里，喜在心头，所以不要推卸责任。

第三，遇到意外的突发事件，领导与大多数同事都拿不出办法时，要冷静、稳妥地出谋划策，把问题解决好，表现你的超群的才干。

第四，假如你刚到某单位工作或新调来一位领导，也是推销自己的重要机会。

第五，领导陷入逆境时，如果你能在他最需要下属的支持和帮助时，伸出你援助的手。雪中送炭千金难买，锦上添花一文不值，的确有一定的道理。

对关键时刻的把握是一个人能力的体现。有的下属平时并不见得有什么过人之处，但在一些领导非常关注的场合下，他却表现得尽善尽美，有的甚至只不过是"十俗一清"，但也能受到领导的赞赏，不能不说他高明。

只要你智勇双全，又善于把握关键时刻表现自己，也就很容易得到领导的赏识了。

Part 6

处处着想

——以老板心态对待工作

　　如果你是老板，一定会希望员工能和自己一样，将公司当成自己的事业，更加努力，更加勤奋，更积极主动。因此，你要想在公司内立足，成为一个受老板青睐和信赖的人，你就必须学会以老板的心态对待工作，处处为公司着想，始终为公司努力。

假如你就是公司的老板

一个将企业视为己有并尽职尽责完成工作的人，终将会拥有自己的事业。

绝大多数人都必须在一个社会机构中奠定自己的事业生涯。只要你还是某一机构中的一员，就应当抛开任何理由，投入自己的忠诚和责任。一荣俱荣，一损俱损！将全身心融入公司，尽职尽责，处处为公司着想，钦佩投资人承担风险的勇气，理解管理者的压力，那么任何一个老板都会视你为公司的支柱。

有人曾说过，一个人应该永远同时从事两件工作：一件是目前所从事的工作；另一件则是真正想做的工作。如果你能将该做的工作做得和想做的工作一样认真，那么你一定会成功，因为你在为未来作准备，你正在学习一些足以超越目前职位，甚至成为老板的技巧。当时机成熟，你已准备就绪了。

当你熟悉了某一项工作时，别陶醉于一时的成就，赶快想一想未来，想一想现在所做的事有没有改进的余地。这些都能使你在未来取得更长足的进步。尽管有些问题属于老板考虑的范畴，但是如果你考虑了，说明你正朝老板的位置迈进。

如果你是老板，你对自己今天所做的工作完全满意吗？别人对你的看法也许并不重要，真正重要的是你对自己的看法。回顾一天的工作，扪心自问一下："我是否付出了全部精力和智慧？"

如果你是老板，一定会希望员工能和自己一样，将公司当成自己的事业，更加努力，更加勤奋，更积极主动。因此，当你的老板向你提出这样的要求时，请不要拒绝他。

以老板的心态对待公司，你就会成为一个值得信赖的人，一个老板乐于雇用的人，一个可能成为老板得力助手的人。更重要的是，你能心安理得地沉稳入眠，因为你清楚自己已全力以赴，已完成了自己所设定的目标。

一个将企业视为己有并尽职尽责完成工作的人，终将会拥有自己的事业。许多管理制度健全的公司，正在创造机会使员工成为公司的股东。因为人们发现，当员工成为企业所有者时，他们表现得更加忠诚，更具创造力，也会更加努力工作。有一条永远不变的真理：当你像老板一样思考时，你就成为了一名老板。

以老板的心态对待公司，为公司节省花费，公司也会按比例给你报酬。奖励可能不是今天、下星期甚至明年就会兑现，但它一定会来，只不过表现的方式不同而已。当你养成习惯，将公司的资产视为自己的资产一样爱护，你的老板和同事都会看在眼里。美国自由企业体制是建立在这样一种前提之下，即每一个人的收获与劳动是成正比的。

然而在今天这种狂热而高度竞争的经济环境下，你可能感慨自己的付出与受到的肯定和获得的报酬并不成比例。下一次，当你感到工作过度却得不到理想工资、未能获得领导赏识时，记得提醒自己：你是在自己的公司里为自己做事，你的产品就是你自己。

假设你是老板，试着想一想你自己是那种你喜欢雇用的员工吗？当你正考虑一项困难的决策，或者你正思考着如何避免一份讨厌的差事时反问自己：如果这是我自己的公司，我会如何处理？

处处为公司利益作打算

只有处处为公司着想，以上司的心态来对待工作，才有可能受到上司的器重。

她长得并不好看，学历也不太高，在这家房地产公司做电脑打字员。她的打字室与老板的办公室之间隔着一块大玻璃，老板的举止她只要愿意就可以看得清清楚楚，但她很少向那边多看一眼。她每天都有打不完的材料，她知道工作认真刻苦是她唯一可以和别人一争长短的资本。她处处为公司打算，打印纸都不舍得浪费一张，如果不是要紧的文件，一张打印纸她两面都用。

一年后，公司资金运作困难，员工工资开始告急，人们纷纷跳槽，最后总经理办公室的工作人员就剩下她一个。人少了，她的工作量也陡然加重，除了打字，还要做些接听电话、为老板整理文件等杂活儿。有一天，她走进老板的办公室。直截了当地问老板："您认为您的公司已经垮了吗？"老板很惊讶，说："没有！"

"既然没有，您就不应该这样消沉。现在的情况确实不好，可许多公司都面临着同样的问题，并非只是我们一家。而且，虽然您的2000万元砸在了工程上，成了一笔死钱，可公司并没有全死呀！我们不是还有一个公寓项目吗？只要好好做，这个项目就可以成为公司重整旗鼓的开始。"说完她拿出那个项目的策划文案。隔了几天，她被派去搞那个项目。两个月后，那片位置不算好的公寓全部先期售出，她拿到3800万元的支票，公司终于有了起色。

以后的 4 年，她是公司的副总，帮着老板做成了好几个大项目，又忙里偷闲，炒了大半年股票，为公司净赚了 600 万元。

又过了 4 年，公司改成股份制，老板当了董事长，她则成了新公司的第一任总经理。老板与相恋多年的女友终于结婚了，在婚礼上，新郎（老板）一定要请她为在场的数百名公司员工讲几句话。

她说道："我为公司炒股赢利时，许多炒股高手问我是如何成功的，我说一要用心，二没私心，就是要处处为公司打算。"

确实，很多人一面在为公司工作，一面在打着个人的小算盘，这样怎么能让公司赢利呢？又怎么能让上司信任和器重你呢？只有处处为公司着想，以上司的心态来对待工作，才有可能受到上司的器重。

上司最需要的就是这样一心为公司着想的忠心耿耿的下属。忠心在现代社会意味着值得信任。许多管理者在挑选下属时，宁可要那些具有诚实、讲信誉，处处为公司着想的人，而不会要那些非常精明，不把公司的事当回事的人。某公司总经理说："如果我发现我的员工不为公司着想，我绝对不会重用他，甚至会辞退他。因为我认为这是对公司和我本人的不尊重。"

充分注意职场中的忌讳

千万不要耍小聪明，不要把
你的老板当成傻瓜。

以上司的心态对待工作，就必须避免以下的行为，它们是老
板们最忌讳的。如果这样做的话，你可能永远都得不到提升的
机会。

1. 上班时处理私人事务

除去那种偶然当上老板的昏庸无能之辈以外，员工的行为是
老板们评价一个下属的主要根据。如果在上班时间处理私人事务，
老板也会感觉这样的人不够忠诚。尤其在公司里更是这样，因为
公司是讲究效益的地方，任何投入必须紧紧围绕着产出进行。上
班时处理私人事务，无疑是在浪费公司的资源和时间。

一位老板曾经这样评价一位当着他的面打私人电话的员工：
"我想，他经常这样做，否则他怎么连我都不防？也许他没有意识
到这有违于职业道德。"

某公司的老板说："我不喜欢看见报刊、杂志和闲书在办公时
间出现在员工的办公桌上，我认为这样做表明他并不把公司的事
情当回事，他只是在混日子。"

"如果你暂时没有事做，为什么不去帮助那些需要帮助的同
事呢？"

2. 过多的事假病假

老板并非不准员工请假，作为自然的人，生病总是难免的；

作为社会的人，事务也同样不能避免。可是在商业的原则下，老板很不愿意下属请假，这种心态是无可厚非的。任何人当了老板，都不希望下属经常脱离岗位。

那些爱贪便宜、出卖公司利润、不能与公司并肩作战的人当然更不用说了，老板是绝不会长期雇用他们的。所以，你千万不要耍小聪明，以为胡乱安排一下工作就能过去了，不要把你的老板当成傻瓜。对于那些对公司和老板自己忠心耿耿的人，老板会看在眼里，放在心里，也许他不会当面说出来。

抱着感恩的心态去工作

感恩是美好的字眼，它不花一美元，只要你虔诚地给予，这项投资会给你带来意想不到的收获。

感恩既是一种良好的心态，又是一种奉献精神，当你以一种感恩的心情工作时，你会工作得更愉快，你的工作会更出色。当你心怀感激，忠心地为公司工作时，公司也一定会为你设计更辉煌的前景，提供更好的发展机会。

我们常常为一个陌路人的点滴帮助而感激不尽，却无视朝夕相处的同事的种种恩惠。这种心态总是让我们把公司、同事对自己的付出视为理所当然，还时常牢骚满腹、抱怨不止，也就更谈不上恪守职责了。因此，让我们学习感恩领导吧！这样总有一天你会受重任。优秀员工要懂得感恩。虽说通过个人的勤奋和吃苦耐劳能出色地完成工作，但同时应该承认，在一个人的人生历程中，接受来自别人的帮助也是很重要的。受助和施助看起来是矛盾的，但高尚的依赖和自立自强又是统一的，一个优秀而谦虚的人往往乐于承认和接受别人的帮助。

许多成功的人都说他们是靠自己的努力而成功的。然而，无论自己的行为是多么的明智和完美，都不能不对别人心存感激。只有对别人感激才是明智的，没有感激是不能构成完美的。静下心来，想想你的每次行动，哪一次没有别人的帮助？如果你是员工，你的工作是老板提供的；你用的工作设备、文件纸张等都是别人提供的；你是编辑，所引用的资料和信息都是作者的……只要你有稍许的谦逊，你就会发现身边有许多意料之外的支持，你难道不应该时刻感谢别人的恩惠吗？

感恩是美好的字眼，它不花一美元，只要你虔诚地给予，这项投资会给你带来意想不到的收获。你的人格魅力会罩上谦逊的光彩；你无穷的智慧将被源源不断地挖掘出来；它还可以开启你神奇的力量之门。

现在越来越多的员工，常常满腹牢骚，抱怨这个不对，那个不好。在他们眼里只有自我，恩义如杂草，他们贫乏的内心不知道什么是回报。工作上的不如意，似乎是教育制度的弊端造成的；把老板和领导的种种言行视之为压榨。正是那种纯粹的商业交换的思想造成了许多公司老板和员工之间的矛盾和紧张关系。

但是，没有老板也就不会有你的工作机会，从这个意义上来说，老板是有恩于你的。那么，为什么不告诉老板，感谢他给你机会呢？感谢他的提拔，感谢他的努力。为什么不感激你的同事呢？感激他们对你的理解和支持，还有平时你从他们身上学到的知识。如果是这样，你的老板也会受这样一种高尚纯洁的礼节和品质的感染，他会以具体的方式来表达他的感激，也许是更多的工资，更多的信任和更多的服务。你的同事也会更加乐于和你友好相处。

把感恩的话说出来，并且经常说出来，有一个最大的好处，就是可以增强公司的凝聚力。看看那些训练有素的推销员，遭到拒绝后，他们仍然感谢顾客耐心地聆听自己的解说，这样他就有了下一次惠顾的机会！即使老板批评了你，也应该感谢他给予的种种教诲。记住，永远都需要感谢！

永远不要觉得感恩是溜须拍马和阿谀奉承。与迎合他人表现出的虚情假意不同的是，感恩是真诚的，是自然的情感流露，没有什么功利性，是不求回报的。你完全没有必要惧怕他人的流言飞语，更无需刻意地疏远老板。坦荡的感激，是清白最好的证明。你的老板有足够的聪明，注意到你的感激是发自肺腑的。你的感激对他来说是一种认同和支持，同时也是一种鼓励。

因此，感恩并不仅仅有利于公司和老板。对于个人来说，感恩是富裕的人生，只知道受恩则表示你的贫乏。即使你的努力和感恩并没有得到相应的回报，也不必抱怨自己什么都没有得到。同样心怀感激之情吧！你从事过的工作，已经给了你许多宝贵的经验与教训。这样工作起来，你就不是在承受压力，而是在享受一种动力带来的愉快、自然的心情。

懂得感恩应该成为一种普遍的社会道德。得到了晋升，你要感谢老板的独具慧眼，感谢他的赏识；失败的时候，你不妨对上帝给了你一次锻炼的机会而心存感激。

对于忘恩负义的人来说，对别人的帮助往往是感觉不到的。但是，你若要在工作中得到更多，就应该时刻记住：你拿的薪水就像你吃的水！即使挖井人不图你的回报，你也应该有个感恩的态度，至少在适当的时候表示你的感谢。最终你会发现，这种知恩图报的回报大大超出了你的想象。

感恩让你的工作更出色

带着一种从容坦然、喜悦的感恩心情工作吧，你会获取更大的成功。

每一份工作或每一个工作环境都无法尽善尽美。但每一份工作中都包含许多宝贵的经验和资源，如失败的沮丧、自我成长的喜悦、默契的工作伙伴、值得感谢的客户等，这些都是工作成功必须学习的感受和必须具备的财富。如果你能每天怀着一颗感恩的心情去工作，在工作中始终牢记"拥有一份工作，就要懂得感恩"的道理，你一定会收获颇多。

办事员晓刚在谈到他破例被派往国外公司考察时说："我和他虽然同样都是研究生毕业，但我们的待遇并不相同，他职高一级，薪金高出很多。庆幸的是，我没有因为待遇不如人就心生不满，仍是认真做事。当许多人抱着多做多错、少做少错、不做不错的心态时，我尽心尽力做好我手中的每一项工作。我甚至会积极主动地找事做，了解主管有什么需要协助的地方，事先帮主管做好准备。因为我在上班报到的前夕，父亲就告诫我三句话："遇到一位好老板，要忠心为他工作；假设第一份工作就有很好的薪水，那你的运气很好，要感恩惜福；万一薪水不理想，就要懂得跟在老板身边学功夫。"

"我将这三句话深深地记在心里，自始至终秉持这个原则做事。即使起初位居他人之下，我也不计较。但一个人的努力，别人是会看在眼里的。在后来挑选出国考察学习人员时，我是唯一的一个资历浅、级别低的办事员。这在公司里是极为少见的。"

所以优秀员工在职场中不管做任何事，都要把自己的心态摆正，抱着学习的态度，将每一次都视为是一个新的开始，一次新的尝试，不要计较一时的待遇得失。一旦做好心理建设，拥有健康的心态之后，做任何事都能心甘情愿、全力以赴，当机会来临时才能及时把握住。千万不要觉得工作像鸡肋一般食之无味，弃之可惜，结果做得心不甘情不愿，心存怨愤。

带着一种从容坦然、喜悦的感恩心情工作吧，你会获取更大的成功。感恩的心情基于一种深刻的认识：公司为你展示了一个广阔的发展空间，公司为你提供了施展才华的场所，对公司为你所付出的一切，你都要心存感激，并力图回报。你要喜爱公司赋予你的工作，全心全意、不遗余力地为公司增加效益，完成公司分派给你的任务。同时注重提高效率，多替公司的发展规划构思设想。

你必须一切以大局为重。当你遭遇到不公正待遇时，请相信这只是公司管理阶层一时的失误，甚至是公司对你的考验。所谓"天将降大任于是人也，必先苦其心志……"时刻抱着一颗感恩的心。成功时感激老板给你提供的条件和机会；失意时感激老板对你进行的考验，磨砺你的心志。这样，你会逐渐明白，感恩不仅对公司老板有益；于你个人更是受益匪浅。通过感恩，你会发现，感恩是内心情感的自然流露，它使你更积极，更有活力。

所以，千万不要忘了身边的人，你的老板，你的同事，他们都是了解你的，支持你的，你要亲口说出对他们的谢意，并用良好的工作回报他们，这样不仅能得到他们更多的信任和支持，还能给公司带来更强大的凝聚力，不管于公于私都大有裨益，你又何乐而不为呢？

优秀员工应该看到：当你心怀感激，忠心地为公司工作时，老板一定会为你设计更辉煌的前景，提供更好的发展机会。

建立正确的工作价值观

> 要使生活有意义，生命有价值，我们必须作出正确的人生价值目标的选择。

健康的心态是事业成功的前提。要想成为一名优秀员工，就必须对自己的心态有严格的要求，就应当学会控制自己的情绪，培养健康的心态，拥有正确的价值观，把精力投入工作和事业中去。在困难和挑战面前表现出好的心态，表现出坚定的信念，既是企业对员工的要求，也是一个员工能有所作为的关键因素。

我们无时无刻不在展现我们的心态，无时无刻不在表现希望或担忧。我们的声望以及他人对我们的评价，与我们自己的自信有很大的关联。如果我们自己都缺乏自信，那么别人不可能相信我们，如果别人因为我们的思想经常表现出消极软弱而认为我们无能和胆小，那么，我们将不可能被提升到一些责任重大的高级职位上去。

拥有健康的心态首要的是要建立正确的价值观。

每个人都必须知道他到底要的是什么，他最想要的是什么，他第二想要的是什么。

要想成为一名优秀的员工，必须在这一点上对自己有更高的要求。他必须拥有一个正确的价值观。

价值观是人们对人生价值的总的、根本的看法。价值观评价的标准是对社会发展和人类进步是否有利。对我们个人而言，正确的价值观就是在符合法律、社会道德规范的前提下，充分发挥自己的主观能动性，创造尽量多的社会财富，并在此过程中，实现自己的人生理想，为社会的稳定和发展作出自己的贡献。

要使生活有意义，生命有价值，我们必须作出正确的人生价值目标的选择，而这个正确的目标就是正确对待个人利益与社会利益的关系，把个人利益和社会利益结合起来，在为社会利益，为人民服务中实现个人利益，又以个人的发展和完善去促进社会的发展。人们所从事的事业不下千百种，但不论人们选择了什么样的事业目标，只要人们选择了正确的价值目标，个人的生活事件就有一贯之的"灵魂"，没有价值目标的人生，是庸碌的人生、盲目的人生。错误的人生价值目标则把人生导向错误的方向，必然受到客观标准的限制，直至社会的惩罚。

每一个人，都应有正确的，崇高的价值观。为崇高的价值目标奋斗，即是为社会的美好也是为个人的美好而奋斗。美好的社会条件，丰富的物质生活条件都不是从来就有的，而是人们创造劳动的结果。人格的崇高，人品的至善也不是先天就有的，而是在后天的实践中养成的。个人在为社会的完善过程中完善自我，也就是价值观的实现。当然，这一社会完善和个人的完善过程是永远不会完结的。价值观的实现，不论从个人还是从人类总体来看，都是无止境的。无止境的追求，这就是人生价值之真谛。无论是个人还是公同无止境的追求，只能说明你明确了目标，而作为一名优秀员工，真正的价值是要为公司做出应有的社会效益和经济效益而得以认可，这就是你所在公司存在的价值。

为了要做到这一点，优秀员工必须要有正确的价值观。也就是人家时常问："一生当中到底什么对你才是最重要的？"也许你的价值观看起来不是那么光辉四射，但那也是你的价值取向。只要你觉得正确，符合法律和社会道德规范，对社会的稳定和发展不会有阻碍，那么，这就是你的正确的价值观。

四年前，小李刚从北京某名牌大学毕业。那时候对他而言，最重要的是要成功。事实上这个想法现在有了很大的改变，他现在觉得健康是最重要的。如果没有健康的话，铁定不能很好地去工作，更谈不上有工作的最大激情，同时也会影响工作以外的部分。因此，他觉得健康对他而言应该是最重要的。

设定价值观的规则在于：自己能够主控的，不能主控的价值观是没有意义的；很容易达成，所设定的价值观能够轻松达成的，就能够使人快乐；每一天都能做得到，每天都有一个小小的进步；至少有三项标志，以标志为导向，获得阶段性成功。

价值观对我们来说是重要的事情，它是一种感觉，用形容词来表示如健康、快乐、安全、感恩、幸福、进步等。人生的价值观和思想都表现在行动上，改变价值观和信念，我们才会有好的行动力。

有效控制你的工作情绪

> 不能很好地调整和控制自己情绪的人，结果是把工作越弄越糟，自己也受到了伤害，成了情绪的奴隶。

一位哲人说："上帝要毁灭一个人，必先使他疯狂。"你如果想成为公司的优秀员工，就应当学会控制自己的情绪，把精力投入冷静的思考中去。事业的成功在很大程度上依赖于情绪控制和严格自律。懂得自制是事业成功的前提。

从前有一个人提着网去打鱼，不巧这时下起了大雨。这个人非常生气："天气太讨厌了，早不下雨，晚不下雨，偏偏在我去打鱼的时候下。"于是一赌气将网撕破了，撕破了渔网还无法消除心中的怨气，他又气恼地一头栽进池塘，再也没有爬上来。多么可悲的傻瓜，怒火吞噬了他自己，他本可以等天晴了再去打鱼，下雨天反而可以好好休息一下，整理一下渔网。1980 年美国总统大选期间，里根在一次关键的电视辩论中，面对竞选对手卡特对他当演员时期的生活作风问题发起的蓄意攻击，他丝毫没有愤怒地表示，只是微微一笑，诙谐地调侃说："你又来这一套了。"一时间引得听众哈哈大笑，反而把卡特推入尴尬的境地，从而为自己赢得了更多选民的信赖和支持，并最终获得了大选的胜利。

不能很好地调整和控制自己情绪的人，结果是把工作越弄越糟，自己也受到了伤害，成了情绪的奴隶。

在 20 世纪 60 年代早期的美国，有一位很有才华、曾经做过大学校长的人，参加美国中西部某州的议会议员竞选。此人资历很高，又精明能干、博学多识，看起来很有希望赢得选举的胜利。但是，在选举的中期，有一个很小的谣言散布开来：三四年前，在该州首府举行的一次教育大会期间，他跟一位年轻女教师有那么一点暧昧的行为。这实在是一个弥天大谎，这位候选人对此感到非常愤怒，并尽力想要为自己辩解。由于按捺不住对这一恶毒谣言的怒火，在以后的每一次集会中，他都要极力澄清事实，证明自己的清白。

其实，大部分的选民根本没有听到过这件事，但是，现在人们却愈来愈相信有那么一回事，真是愈抹愈黑。公众们振振有词地反问："如果你真是无辜的，为什么要百般为自己狡辩呢？"如此火上浇油，这位候选人的情绪变得更坏，也更加气急败坏、声嘶力竭地在各种场合为自己洗刷，谴责谣言的传播。然而，这却更使人们对谣言信以为真。最悲哀的是，连他的太太也开始转而相信谣言，夫妻之间的亲密关系被破坏殆尽。最后他失败了，从此一蹶不振。

很难想象，一个喜怒无常的职场中人能作出什么大的成绩，因为他被坏情绪包围，无法集中精力、全心投入去做一份工作，而且还会因此而毁了自己的工作和生活。

人们遇到挫折时，愤怒是最容易办到的事，但也是最不明智的做法。相反，如果能转换情绪，冷静地多问、多思考自己之所以不成功的原因，你会成为一个真正发掘自己强项的成功者。

你的情绪会给你带来推动力，而这股动力很可能就是使你将决定转变为具体行动的力量。你如果控制和引导你的情绪，它就会给你带来信心和希望；而如果你压抑或者摧毁你的情绪，那失败就会不请自来。所有的情绪都是一种心理状态，也是你能掌握的对象。自律和自制就是最好的武器。它会使你自己成为情绪的主宰，对逆境应对自如，从而以平静之心敏感地捕捉成功的机会。

一个优秀的职业人，一个有志于成为公司支柱的员工，应该懂得
如何控制自己的情绪，展现自己最适合的表情给别人，这是一种
气度，更是一种魅力。

以好的心态工作和生活

只要有勇气投入新的生存方式中去，就可以显著地改善自己的收入状况。

优秀员工一定要有好的心态，才能勇敢地迎接困难和挑战，走向成功的彼岸。我们无时无刻不在展现我们的心态，无时无刻不在表现希望或担忧。我们的声望以及他人对我们的评价，与我们自己的自信有很大的关联。如果我们自己都缺乏自信，那么别人不可能相信我们，如果别人因为我们的思想经常表现出消极软弱而认为我们无能和胆小，那么，我们将不可能被提升到一些责任重大的高级职位上去。

如果我们展示给人的是一种自信、坚毅和无所畏惧的印象，如果我们具有那种震慑人心的自信，那么，我们的事业就可能会获得巨大的成功。如果我们养成了一种必胜的习惯，那人们就会认为，我们比那些丧失信心或那些给人以软弱无能、自卑胆怯印象的人更有可能赢得未来，更有可能成为一代富有者。换句话说，自信和他信几乎同等重要，而要使他人相信我们，我们自身首先必须展现自信和必胜的精神。

以胜利者心态生活的人，以征服者心态生活在世界上的人，与那种以卑躬屈膝、唯命是从的被征服者心态生活的人相比，与那种仿佛在人类生存竞赛中遭到惨败的人相比，是有很大区别的。

像比尔·盖茨这样每个毛孔都热力四射的人，这样总给人以朝气蓬勃、能力超凡印象的人，与那种胆小怕事、自卑怯懦的人，与那种总是表现得软弱无能、缺乏勇气与活力的人比较一下吧！他们的影响有多么大的不同啊！世人都珍爱那种具有胜利者气度的人，那种给人以必胜信心的人和那种总是在期待成功的人。

面对滚雪球一样滚大的中国富豪群体，我们不能只是羡慕，只是眼红，只是嫉妒，而应该深思：为什么他们能够富起来，而我们却还在贫困线上挣扎呢？像当年陈胜、吴广所说的："王侯将相宁有种乎？"今天我们也不禁要提出类似的疑问"发财致富宁有种乎？"大家都生活在同一时代，看见的听到的都是一样的事物，机会也一样地摆在人们面前，为什么我们在财富上却截然不同呢？不是他们有特殊的本领，也不是他们有特殊的家庭背景，相反，他们基本上都是白手起家的。多的靠一两千元起家，少的只有几十元。许多人致富之前甚至比我们的条件更差。只不过他们比我们先行了一步。过去有过去赚钱的机会，现在有现在赚钱的途径。实际上，随着科技的进步与经济的发展，我们未来赚钱的机会更多。对此，我们完全应该充满自信。正如大陆首富，新希望集团总裁刘永好认为，只要有勇气投入新的生存方式中去，就可以显著地改善自己的收入状况。

包玉刚一条破船闯大海，当年曾引起不少人的嘲弄。他并不在乎别人的怀疑和嘲笑，他相信自己会成功。他抓住有利时机，正确决策，不断发展壮大自己的事业，终于成为雄踞"世界船王"宝座的名人巨富。他所创立的"环球航运集团"，在世界各地设有20多家分公司，曾拥有200多艘载重量超过2000万吨的商船队。他拥有的资产达50亿美元，曾位居香港十大财团的第三位。

包玉刚不是航运家，他的父辈也没有从事航运业的。中学毕业后，他当过学徒、伙计，后来又学做生意。30岁时曾任上海工商银行的副经理、副行长，并小有名气。31岁时他随全家迁到香港，靠父亲仅有的一点资金，从事进口贸易，但生意毫无起色。他拒绝了父亲要他投身房地产的要求，表明了欲从事航运的打算，因为航运竞争激烈，风险极大，亲朋好友纷纷劝阻他，以为他发疯了。

但是包玉刚却信心十足，他看好航运业并非异想天开。他根据在从事进出口贸易时获得的信息，坚信海运将会有很大的发展前途。经过一番认真分析，他认为香港背靠大陆、通航世界，是商业贸易的集散地，其优越的地理环境有利于从事航运业。37 岁的包玉刚正式决心搞海运，他确信自己能在大海上开创一番事业。于是，他抛开了他所熟悉的银行业、进口贸易，投身于他并不熟悉的航海业，当时人们对他的举动纷纷讥笑讽刺。的确，对于穷得连一条旧船也买不起的外行，谁也不轻易把钱借给他，人们根本不相信他会成功。他四处借贷，到处碰壁，尽管钱没借到，但他经营航运的决心却更加强了。后来，在一位朋友的帮助下，他终于贷款买来一条 20 年航龄的烧煤旧船。从此，包玉刚就靠这条整修一新的破船，挂帆起锚，跻身于航运业了。

包玉刚的平地崛起，令世界上许多大企业家为之震惊：他靠一条破船起家，经过无数次惊涛骇浪，渡过一个又一个难关，终于建起了自己的王国，结束了洋人垄断国际航运界的历史。回顾一下他成功的道路，他在困难和挑战面前所表现出的坚定信念，对我们每个人都有有益的启发。

在困难和挑战面前表现出好的心态，表现出坚定信念，是企业对优秀员工的要求。如果你希望在企业中有所作为，成为公司不可或缺的员工，那么你的心态准备好了吗？

Part 7

合作交流

——借助集体的力量来完成工作

优秀员工要想成大事，必须学会合作，这样才可以弥补自己的不足，形成一股合力，掌握这种能力，才能让自己的事业不断向前。优秀员工如果能主动加强与同事间的合作，巧妙凭借集体的力量完成任务，你的前途将一片光明。

与人合作才能做好事情

> 合作是一件快乐的事情，有些事情人们只有互相合作才能做成，凭一人之力是不能完成的。

作为一个公司的个体，只有把自己融入到整个团队之中，凭借整个集体的力量，才能把自己所不能完成的棘手问题解决好。这样才有可能让自己获得成功，并引起领导的充分重视。团队协作沟通几乎是一个古老的话题，所有在企业服务的员工都会接受到这方面的教育。下面的一个调查对我们有很大的启示。

成功者的道路有千千万万，但总有一些共同之处。在"杰出员工的童年与教育"调查中，专家发现，杰出员工大多数是善于与他人团结协作的人，团结协作是许多成功人士的共同特性。

合作是一件快乐的事情，有些事情人们只有互相合作才能做成，凭一人之力是不能完成的。美国加利福尼亚大学副教授查尔斯·卡费尔德对美国 1500 名取得了杰出成就的人物进行了调查和研究，发现这些有杰出成就者有一些共同的特点，其中之一就是与自己而不是与他人竞争。他们更注意的是如何提高自己的能力，而不是考虑怎样击败竞争者。事实上，对竞争者的能力（可能是优势）的担心，往往导致自己击败自己。多数成就优秀者关心的是按照他们自己的标准尽力工作，如果他们的眼睛只盯着竞争者，那就不一定取得好成绩。

帮助别人就是强大自己，帮助别人也就是帮助自己，别人得到的并非是你自己失去的。在一些人的固有的思维模式中，一直认为要帮助别人自己就要有所牺牲；别人得到了自己就一定会失去。比如你帮助别人提了东西，你就可能耗费了自己的体力，耽误自己的时间。

其实很多时候帮助别人，并不就意味着自己吃亏。下面的这个故事就生动地阐释了这个道理：

有一个人被带去观赏天堂和地狱，以便比较之后能聪明地选择他的归宿。他先去看了魔鬼掌管的地狱。第一眼看去令人十分吃惊，因为所有的人都坐在酒桌旁，桌上摆满了各种佳肴，包括肉、水果、蔬菜。

然而，当他仔细看那些人时，他发现没有一张笑脸，也没有伴随盛宴的音乐或狂欢的迹象。坐在桌子旁边的人看起来沉闷，无精打采，而且都瘦得皮包骨。这个人发现每人的左臂都捆着一把叉，右臂捆着一把刀，刀和叉都有4尺长的把手，个人不能吃到食物。所以即使每一样食品都在他们手边，结果还是吃不到，一直在挨饿。

然后他又去天堂，景象完全一样：同样的食物、刀、叉和那些4尺长的把手，然而，天堂里的居民却都在唱歌、欢笑。这位参观者困惑了一下子。他怀疑为什么情况相同，结果却如此不同。在地狱的人都挨饿而且可怜，可是在天堂的人吃得很好而且很快乐。最后，他终于看到了答案：地狱里每一个人都试图喂自己，可是4尺长把手的刀叉又根本不可能吃到东西；天堂上的每一个人都是喂对面的人，而且也被对方的人所喂，因为互相帮助，结果帮助了自己。

这个启示很明白。如果你帮助其他人获得他们需要的东西，你也因此而得到想要的东西，而且你帮助的人越多，你得到的也越多。

优秀员工在个人生活和职业生活中是否成功，取决于与他人合作得如何。"合作"一词指在群体环境中普遍发生的社会关系。

群体，一般被定义为一起工作以实现共同目标的一群人。群体的成员互相作用，彼此沟通，在群体中承担不同的角色，并建立群体的同一性。

有些人较之其他人是更有效的群体成员。群体的成功要涉及一系列复杂的思考和语言能力，而这些能力正是许多人所没有系统掌握或完全拥有的。那些在社交方面很成熟的人，他们极容易适应任何的群体环境，能与许多不同的个体进行友好的交谈，与他人和谐地、富有成效地共事，用清楚的和有说服力的观点影响群体的思考，有效地克服群体的紧张和自我主义，鼓励群体成员守信，创造性地工作，并能使每一个人集中精力，朝着共同的目标前进。与他人合作比单独工作有许多好处，首先，群体成员具有不同的背景和兴趣，这可以产生多样化的观点，实际上，与他人合作可以产生出任何个人只靠自己所无法具有的创造性的思想。此外，群体成员互相提供帮助和鼓励，每个人都能贡献出他或她独特的技能，团体的一致性和认同感激励着团体成员为实现共同的目标而努力奋斗，这是一种"团队精神"，它能使每个人最大限度地实现自己。

提高你的团队合作精神

> 事实上，个人的成功不是真正的成功，团队的成功才是最大的成功。

优秀的员工作为一个公司的个体，只有把自己融入到整个团队之中，凭借整个集体的力量，才能把自己所不能完成的问题解决好。当你来到一个新的公司，你的领导很可能会分配给你一个你难以独立完成的工作。领导这样做的目的就是要考察你的合作精神，他要知道的仅仅是你是否善于合作，勤于沟通。如果你一声不响，一个人费劲地摸索，最后的结果很可能是死路一条。明智且能获得成功的捷径就是充分借用团队的力量。

现代年轻人在职场中普遍表现出的自负和自傲，使他们在融入工作环境方面显得缓慢和困难。他们缺乏团队合作精神，不愿和同事一起想办法，每个人都会做出不同的结果，最后对公司毫无益处。

事实上，个人的成功不是真正的成功，团队的成功才是最大的成功。对上班族来说，谦虚、自信、诚信、善于沟通、富有团队精神等一些传统美德是非常重要的。团队精神在一个公司，在一个人的事业发展中都起着举足轻重的作用。

那么，优秀的员工如何才能加强与同事间的合作，提高自己的团队合作精神呢？

1. 要善于沟通。同在一个办公室工作，你与同事之间会存在某些差异，知识、能力、经历造成你们在对待工作时，会产生不同的想法。交流是协调的开始，把自己的想法说出来，听听对方的想法，优秀员工要经常说这样一句话："你认为这事该怎么办，我想听听你的想法。"

2. 要平等互助。即使你各方面都很优秀，即使你认为自己以一个人的力量就能解决眼前的工作，也不要显得太狂傲。要知道还有以后，以后你并不一定能完成一切。还是做个朋友吧，平等地对待对方。

3. 要乐观自信。即使是遇上了十分麻烦的事，也要乐观，优秀员工要对你的伙伴们说："我们是最优秀的，肯定可以把这件事解决好，如果成功了，我请大家喝一杯。"

4. 要勇于创新。一加一大于二，但你应该让他得数更大。培养自己的创造能力，不要囿于常规，安于现状，试着发掘自己的潜力。优秀员工除了能保持与人合作以外，还需要所有人乐意与你合作。

5. 要善待批评。请把你的同事和伙伴当成你的朋友，坦然接受他的批评。一个对批评暴跳如雷的人，每个人都会敬而远之的。

在同一个办公室里，同事之间有着密切的联系，谁都不能脱离群体单独地生存。依靠群体的力量，做合适的工作并成功者，不仅是个人的成功，同时也是整个团队的成功。相反，明知自己没有独立完成的能力，却被个人欲望或感情所驱使，去做一个根本无法胜任的工作，那么失败一定不可避免。而且还不仅是你一个人的失败，同时也会牵连周围的人，进而影响到整个公司。

由此不难看出，一个团队、一个集体，对一个人的影响不可谓不大。善于合作，有优秀团队意识的人，整个团队也能带给他无穷的收益。优秀员工要想在工作中快速成长，就必须依靠团队、依靠集体的力量来提升自己。

会合作比个人能力重要

> 优秀的员工要想成大事，必须学会合作，这样才可以弥补自己的不足，形成一股合力。

优秀的员工要想在职场成功，必须学会合作，一方面可以弥补自己的不足，另一方面可以形成一股合力。所以，合作能力常比个人的能力重要得多。

一家公司招聘高层管理人员，9 名优秀应聘者经过初试，从上百人中脱颖而出，闯进了由公司老总亲自把关的复试。老总看过这 9 个人详细的资料和初试成绩后，相当满意，但是，此次招聘只能录取 3 个人，所以，老总给大家出了最后一道题。

老总把这 9 个人随机分成甲、乙、丙三组，每组三人，指定甲组去调查本市婴儿用品市场；乙组调查妇女用品市场；丙组调查老年人用品市场。老总解释说："我们录取的人是用来开发市场的，所以，你们必须对市场有敏锐的观察力。让你们调查这些行业，是想看看你们对一个新行业的适应能力，每个小组的成员务必全力以赴！"临走的时候，老总补充道："为避免大家盲目开展调查，我已经叫秘书准备了一份相关行业的资料，走的时候自己到秘书那里去取！"

三天后，9 个人都把自己的市场分析报告送到了老总那里。老总看完后，走向丙组的 3 个人，分别与之一一握手，并祝贺道："恭喜 3 位，你们已经被本公司录取了！"然后，老总看见大家疑惑的表情，呵呵一笑，说："请大家打开我叫秘书给你们的资料，互相看看。"原来，每个人得到的资料都不一样，甲组的 3 个人得到的分别是本市婴儿用品市场过去、现在和将来的分析，其他两组的也类似。老总说："丙组的 3 个人很聪明，互相借用了对方的资料，补全了自己的分析报告。而甲、乙两组的 6 个人却分别行事，抛开队友，自己做自己的。我出这样一个题目，其实最主要的目的，是想看看大家的团队合作意识。甲、乙两组失败的原因在于，他们没有合作，忽视了队友的存在。要知道，团队合作精神才是现代企业成功的保障！"

合作在这里指的是双方合作。优秀的员工要想成大事，必须学会合作，这样才可以弥补自己的不足，形成一股合力，掌握这种能力，才能让自己的事业不断向前。优秀的员工如果能主动加强与同事间的合作，巧妙凭借集体的力量完成任务，老板就会对你高看一眼，从而培植你、提拔你。你的前途将一片光明。所以说合作是成功的保障实不为过。

学会与他人合作的策略

当你要诱导别人去做一些很容易的事情时，先得给他一点小胜利。当你要诱导别人做一件重大的事情时，你最好给他一个强烈刺激。

雷特是格里莱办的《纽约论坛报》的总编辑，身边正缺少一位精明干练的助理。他的目光瞄准了年轻的约翰·海，他需要约翰帮助自己成名，帮助格里莱成为这家大报的成功的出版家。而当时约翰刚从西班牙首都马德里卸除外交官职，正准备回到家乡伊利诺州从事律师职业。

雷特看准了约翰是把好手，可他怎样使这位有为的青年抛弃自己的计划而在报社里就职呢？雷特请他到联盟俱乐部去吃饭。饭后，他提议请约翰·海到报社去玩玩。从许多电讯中间，他找到了一条重要消息。那时恰巧国外新闻的编辑不在，于是他对约翰说："请坐下来，为明天的报纸写一段关于这条消息的社论吧。"约翰自然无法拒绝，于是提起笔来就做。社论写得很棒，格里莱看后也很赞赏。于是雷特请他再帮忙顶缺一星期、一个月，渐渐地干脆让他担任这一职务。约翰就这样在不知不觉中放弃了回家乡做律师的计划，而留在纽约做新闻记者了。

雷特凭着这一策略，猎获了他物色好的人选，而约翰在试一试、帮朋友忙的动机下，毫无压力、兴致很高地扭转了他人生航船的方向。事前，雷特一点也没泄露他的意思，他只是劝诱约翰帮他赶写一篇小社论，而事情很圆满地成功实现了。由此可以得出一条求人的规律，那就是：央求不如婉求，劝导不如诱导。

在运用这一策略的同时，要注意的是：诱导别人参与自己的事业的时候，应当首先引起别人的兴趣。

当你要诱导别人去做一些很容易的事情时，先得给他一点小胜利。当你要诱导别人做一件重大的事情时，你最好给他一个强烈刺激，使他对做这件事有一个要求成功的需求。在此情形下，他的自尊心被激发起来了，他已经被一种渴望成功的意识刺激着了。于是，他就会很高兴地为了愉快的经验再尝试一下了。

凡是优秀员工，都要懂得这是使人合作的重要策略。但有时候，常常要费许多心机才能运用这个策略，有时候又很便当。像雷特猎获约翰一例，他只是稍许作了些安排。

总之，优秀员工要引起别人参与你的计划，必须诱导他们先尝试一下，可能的话，不妨使他们先从一些容易的事入手。这些容易成功的事情，在他们看来，往往是一种令人兴奋的真正的成功。

与同事携手共进很重要

> 要想有一帮适合自己开展活动的好同事，就必须真心帮助他们，在谦和中充分展露自己的个性。

每位员工进了公司就都是同事，千万不可互相拆台，一定要在互相帮助之中进取。如果人与人相互关心爱护，天涯可化作咫尺；若是人与人之间只剩下冷漠，咫尺也可变为天涯。俗话说：百年修得同船渡。能为同事即是一种缘，共同合力谋事，长期相处，谁都会遇到沟沟坎坎，所以，能帮人处且帮人，同事遇到困难寻求帮助时，不妨伸出热情的双手，真诚地助人一臂之力，这样在不知不觉中为自己存下一份善果。

劳德与布克同时进入某公司，两个人同样有较强的工作能力，无论领导交给他俩什么任务，他俩都能非常漂亮地完成。为此，两人经常受到领导的表扬。但是，在同事之中，他们俩却有不同的地方：大家都喜欢劳德，有点什么事总是找他帮助，而劳德也的确为大家做了许多事，因为他谦让又有能力，与大家非常合得来；而布克则不同，虽然他也能办许多事，但大家都有意无意地疏远他，有什么事也不会找他帮忙，因为布克这个人个性有些高傲，喜欢离群索居。

布克也意识到了这种差别，但他并不想改变这种状态，他以为这样很好。无论同事们怎么对自己，领导总还是喜欢自己的。

有领导撑腰，他不应该总是顾虑再三。况且这样也不错，他可以按照自己的个性安排一切，不必受别人不必要的影响。而且，从心底而论，布克有些看不起劳德。布克认为劳德那种谦让态度十分虚伪，是一种做作的表现，很俗。当然，布克并没有把自己这种感觉表现出来，他认为无论劳德怎么做，都是人家自己的事，别人不应该干涉他。可见，布克也是具有一定的容人之量的，但可惜他没有表现出来。

就在布克按照自己的个性生活的时候，领导说上级领导有指示，要在他们这一帮人中选一名宣传干事。而且这次上级领导有明确指示，一定要坚持群众选举，任何领导不得从中作梗。面对这样一个好机会，布克从心底认为自己应该去，因为他不但喜欢这份工作，而且坚信自己一定能干好，绝对不会辜负领导的愿望。但是，听说这次不是领导任命，而是由群众直接选举，他的心真的有些凉了。他明白凭自己的"人缘"，自己绝不是劳德的对手，况且劳德在搞宣传方法上也有其独到的能力。布克认识到这种差距，但他不是一个小肚鸡肠的人，即使明白自己有不足，他也要进行一番公平竞争。

结果正如他所预料的那样，劳德几乎以全票得到了这个职位。其实要是布克去了，工作照样能做好。一个本来平等的机会，结果由于两者个性不同而导致巨大的偏差。这个教训值得优秀员工仔细思索。

而对于协调与同事的关系，有的人马马虎虎，认为同事之间无所谓，大可不必左右逢源，协调四邻；而有的人则极为看重，在同事中间拉帮结伙，并极力找领导做靠山，形成自己的势力，以为凭着这些就能高枕无忧。其实，他们都错了。在同事之间协调关系，同样不能粗心大意。其中的功利关系自不必说，只一个人缘问题就可能把你拖垮。可见，对待同事，既不能漠不关心，不闻不问，更不能拉帮结派，那样只能害了自己。优秀员工要想有一帮适合自己开展活动的好同事，就必须真心帮助他们，在谦和中充分展露自己的个性。

事事为大家着想，处处关心他人也许在平时并不显眼，而且似乎还处于一种被动地位，有些人就是不愿意"干"。从劳德的例子来看，那样未免有些短视了。像劳德这样的人才称得上"老谋深算"，在平时就已经为自己日后的发达打下了基础，到时候只要有机会，就可以水到渠成了。你要把好事做在明处，大家的眼睛是雪亮的，不会视而不见。即使真有人视力差，那也不愁找不到证人。况且你这样做本来就是为了让别人看见，只要你在公司中有人气，"人缘"好，就等于你事业的发展与壮大有了一个坚实而稳固的大后方。优秀员工一定要学会这一点。

注意与同事相处的细节

细节决定成败，与同事相处也要从细节入手。细节处理得好与不好，直接关系到能否培育良好的人际关系。

同事之间，对于工作问题上的不同意见和看法，完全可以直言不讳地进行讨论、争议和协商处理，因为有一整套有关工作的组织制度在制约着对方，所以，同事之间一般不会因为工作问题上的争议而相互嫉恨、彼此隔阂。但是，仍有一些与工作有关联的琐碎、具体事情，需要优秀员工很好地对待和处理，因为这些事情处理得好与不好，直接关系到能否培育良好的人际关系。

1. 搞好办公室的人际关系

知识经济时代，人人都想靠个性出人头地，你的个性就难免要和同事发生冲突。不管如何小心谨慎，总会有同事跟你过不去。他们就散布在办公室周围，或许工作上还不得不和他们打交道。冲突是为了什么呢？

仔细观察，彼此的共同点还是不少的。但往往会因一些细微争端，一经引燃后，演变成不共戴天的对立。话说回来，世上本没有天生的恶人，只不过有些人因为做过坏事而被称为坏人罢了。就算跟你合不来的人，也不可以认定对所有事物你们的观点都不相合。

如果只看到同事坏的一面，那着实太可悲，同事之间本来就该彼此肯定并且欣赏对方的优点。过分苛刻地探讨人的异同，你的周围就会充满敌人。只要你心中尚怀着成见，马上就会表现在你的话语及态度上。原来，这么多跟你合不来的同事，其实都是自己的心理在作祟。

所谓工作，必须以人为媒介才能发生，而一个办公室正是集结了许多相关者以便提高效率的地方。如果你不与同事合作就行不通。只要你先切除心中的芥蒂，避免无意义的争论，即使听到不中听的语言也别放在心上，不要让成见占据你的心头，就不会不愿与同事合作了。如果因为工作落后，或者错误百出而招致同事的数落，只能是罪有应得，因为你影响了他人的工作嘛！

2. 对男同事多关心和理解

许多人往往认为男同事应该豪迈大方，有"男子汉气概"，所以一旦遇到男同事焦躁不安、借题发挥的情景，就会感到十分惊讶，并可能认为他是一位心胸狭窄的人。这种想法是错误的。因为一个对工作十分努力、殚精竭虑的人，如果没有达到理想的目标，比如眼看可以签订正式合同却在商谈中失败时，往往会很颓丧，感到懊恼。有些年轻男士遇到这种情况，常会把苦闷、懊恼发泄出来，以求得心理上的平衡。在这种情况下，作为同事的优秀员工，一定要表示你的理解和关心，只有这样做，才会改进和完善与男同事之间的人际关系。

3. 对女同事多帮助和体贴

女同事在工作上遇到困难时，往往需要别人的体谅和帮助。比如一位女同事边看表边叹息说："要是不加班的话，今天的工作完不成了。"这时你不妨伸出援助之手，使对方感到有依靠，减轻思想负担，提高工作效率。这次你伸出援助之手，下次当你碰到困难时，她必定会跑过来帮你的忙。这是一种在工作中的互相协作的精神，应当发扬光大。

4. 对同事的错误坦诚相告

改进、完善与同事之间的人际关系，当然不仅仅要在理解与关心对方等方面做文章，在遇到原则性问题，尤其是察觉同事有犯错误的倾向时，一定要坦诚相告，直言不讳地提醒。有些人往往担心，这样做会不会撕破情面，造成人际关系恶化呢？犹豫不决，结果可能带来不可避免的重大错误和损失。所以，优秀员工要做到：不论同事是年长的前辈，还是同龄人，一旦发觉其有犯错误的倾向时，用不着多作考虑，直截了当地指出来，以期尽快纠正。实际上，说出真心话，是对同事的信任、爱护和关心，不但可以使公司避免重大损失，而且可以使同事避免"一失足成千古恨"。

5. 把工作放在首位

工作能被同事们所关心，这恐怕是每一个人的希望。在工作中，衡量优秀员工是否受到周围人喜欢的标准，并不在于他如何笑容可掬、无事套近乎和装出一副惹人喜欢的模样，而在于你如何对待工作，任务完成得如何，效率是否达到预期标准，是否经常有合理的意见和建议，是否经常为公司和周围的人着想等。所以，在工作中，大可不必为了得到周围人喜欢，而放下手中工作，一味想方设法取悦于人、专事多余的工作。优秀员工只有认真工作，奋发努力，积极向上，才能进一步赢得周围人的喜欢和尊重。

从同事的优点开始学起

> 向同事"拜师学招"的意义其实是在聪明地、适度地示弱，这样容易使得趋于戒备和紧张的同事关系得到缓和。

有些人认为同事是自己在公司里的竞争对手，是职场上互有戒心的同行者，是对外保持一致而对内各怀心事的搭档，唯独不是值得信赖的伙伴、可以推心置腹互相借鉴的知己。

如果同事也这样认为的话，那你一天中近1/3的时间，将陷在戒备感很强的不良情绪中，怀疑、不安、紧张，将磨掉你对工作的美好感觉。其实，"三人行，必有我师"，优秀员工要切记：同事就是你身边最好的老师，也是让工作变得美好的关键人物。你为何不能将同事视为"良师益友"呢？

向同事"拜师学招"的意义其实是在聪明地、适度地示弱，这样容易使得趋于戒备和紧张的同事关系得到缓和。在逞强争胜已经成为一种流行的职场中，灵活地示弱更容易感动别人，更容易得到别人的好感。同事好为人师的心态，也会因你的行为得到满足。一旦同事向你支招，友谊的花朵就会在不知不觉间盛开，彼此之间一种惺惺相惜的轻松氛围也会形成，同事之间的竞争关系也会有意想不到的改善。

向同事学招，看看他们遇到难以解决的问题时是怎样化险为夷、拨云见日的。这样还可以帮你提高自身的能力，何乐而不为呢？那你就找一找同事的优点，然后对他说：我要拜你为师，请多多指教。如果你这样去做了，你会发现，同事并不像你以前所认为的那样"面目可憎"。

1. 求教于人，获得更快发展的机会

在公司里，优秀员工要想做事少碰钉子，最聪明的办法就是多参考同事的意见，因为这些意见，常常是他们付出代价换来的经验。

在公司市场营销部工作的王强最近很烦躁，因为公司连着四个月的业绩评比表中，王强都在萧萧之下，屈居第二，他很不服气。

于是，王强想方设法进入萧萧的电脑系统，查看到她的客户分布，冒险去挖她的客源。萧萧知道此事后非常恼火，当面指责王强"恶性竞争"、"挖别人的墙脚"，并对他提出严重警告：再这样下去，就别怪我不顾你这位老前辈的面子，把真相告诉老板。因此两人的关系闹得很僵。

王强想想两人唇枪舌剑的瞬间，心头豁然开朗：现在的"新新人类"还是性格直爽，只要我放得下老前辈的架子，不耻下问，她一定会尽释前嫌，并把盘活客户资源的技巧告诉我。问题一想通，王强的心头轻松多了，他特意邀请萧萧去健身，并诚恳地请教一些问题。这次倒是萧萧不好意思了，她说："以前我对你的态度有些过分，请多谅解。"并讲了一些自己做营销的心得。

王强听了这些，恍然大悟，原来如此。在以后的工作中，他也用起了这几招，果然业绩迅速攀升，与萧萧旗鼓相当了。更为可喜的是，他与萧萧的关系也更团结了，合作起来也更愉快了。

这就是求教于人的好处，不但能让优秀员工在工作的迷途中找到方向，更快地前进，还能改善与同事的人际关系，工作起来更加舒心快乐。

2. 寻找良师益友

在现代职场上，同事中的良师益友是工作中不可或缺的"必需品"。良师益友也许并不能帮你避免做好工作、成就事业的过程中必须付出的代价，但他们却可以指引你走过这条路。一名出色的向导不仅能指出无数条通往相同目的地的道路，还能帮你找出最佳路径及告诉你哪些垫脚石可以帮助你安全过河。他虽不能代替你跨过河流，却能告诉你应避免哪些使你落水的垫脚石。

前苹果电脑公司总裁史考利，在一次对公司600名女性员工演讲时说："良师益友非常重要。如果没有他们的带领，我也许没有机会进入这个行业。提携后进是极有效的过程，有两位我指导的女性，现在都是苹果电脑公司的副总经理。"

同事中的良师益友能在平等的基础上，提供信息与指导原则，他们有十分宝贵的信息与经验并且愿意与你分享，而这些正是为你开启光明前途大门的钥匙。一位好的良师益友，应该拥有这些特质：不吝指导；对所属的公司、行业有深入了解；愿意与人分享情报和资源；对自己有信心与安全感，在你羽翼已丰时，可以"任你高飞"。最后一个特质尤为重要，因为这样才能避免因"舍不得"所造成的伤害。

优秀员工怎样才能获得一位良师益友呢？要获得良师益友，第一步，就要观察你周围的同事，找一找会和你一起说笑的人、受尊敬的人、受欢迎的人，同时也不要忽视了那些含蓄、安静，却有许多地方值得你去学习的同事。当你找到了心目中的人选以后，你就要像个聪明乖巧的小学生一样，表现出你的诚恳、谦虚、用心的态度。要知道，被提携的艺术在于表达忠诚、保持安静、热衷学习并愿意自我克制，以此换取更多的回馈。优秀员工一旦找到可能的对象，便可参考下面这些可以派得上用场的诀窍：

①微笑，说早安，再寒暄一番；

②注意他所设计或完成的计划，写一张短函表达你对这项计划的事前规划、过程或结果的正面评价；

③请对方提供给你一些他可以提供的资料或建议；

④接近对方并向他表达你很欣赏他的计划和工作态度；

⑤请他帮助；

⑥尊重对方的时间与工作态度，不要花掉对方太多的工作时间；

⑦如果对方给了你任何资料或建议，你应继续往下追究；

⑧记得向对方报告进展，并让他知道你很乐意在日后多听取他的意见；

⑨要学会道谢，尤其是采用他的招术取得效果后及时地道谢非常重要。你可以写一张感谢卡给他，并表示有机会你想请他吃饭。

信息就是力量，经验的传承也是如此。在事业上有一位良师益友，好处不胜枚举，他可以在你需要时提供帮助与指点，使你的职业生涯获得极大的助益。良师益友是你的向导与教练，他们会勉励你、帮助你。身兼教授、演讲家及畅销书作家三种身份的李伯夫博士就说："我非常幸运，有许多朋友与同事在我需要建议时指点我、帮助我。许多朋友在他们需要帮助时，也同样会打电话给我。基本上，我们依情况而定，彼此互相帮忙。"

Part 8

创新学习

——提升素质，解决难题

　　创新对于公司有着非常重大的意义。俗话说："流水不腐，户枢不蠹。"对于一个员工来说只有具备创新的能力，才能在公司中拥有稳定的地位，才有可能受到老板的重视。一旦你停止了创新，停止了进取，哪怕你是在原地踏步，实质上却是在后退；因为你的竞争对手正在前进、在创新、在发展。这意味着你在职场中将处于一个危险的位置。

创新贯穿于工作的始终

> 创新并不是天才的专利，创新只在于找出新的改进方法。

创新对员工的意义，如同新鲜的空气之于生命的意义。员工应该不断在思想上创新、观念上创新、技术上创新、知识上创新，才能确保在公司或人力市场上拥有自己的一席之地。

有很多员工工作很勤奋，但缺乏创造性，没有创新精神，这样的人即使付出了很多的努力，却往往赶不上具有创造性的人的一个金点子。从这个意义上讲，劳动与回报不一定是成正比的。你能因此说世界不公平吗？

创新应该贯穿工作、生活的始终。但是，在日常工作中，更需要员工创新。从细微的事情开始创新，逐步培养自己的创新意识，进而培养整个部门乃至整个公司的创新文化。在这个日常工作中，我们每天都在呼唤着创新，希望运用创新来改变前途，那么究竟什么是创新呢？

一个低收入的家庭定出一项计划，使孩子能进一流的大学，这就是创新。一个家庭设法将附近脏乱的街区变成邻近最美的地区，这也是创新。想法子简化资料的保存，或向"没有希望"的顾客推销，或让孩子做有意义的活动，或使员工真心喜爱他们的工作，或防止一场口角的发生，这些都是很实际的、每天都会发生的创新实例。

什么叫创新？《伊索寓言》里的一个小故事给了我们一个形象

的解释。

一个风雨交加的日子，有一个穷人到富人家讨饭。

"滚开！"仆人说，"不要来打搅我们。"

穷人说："求求你让我进去，我只想在你们厨房的火炉上烤干衣服而已。"仆人以为这不需要花费什么，就让他进去了。

突然，这位穷人请求厨娘给他一个小锅，以便他"煮点石头汤喝"。

"石头汤？"厨娘说，"我想看看你怎样能用石头做成汤。"于是她就答应了。穷人到路上捡了块石头洗净后放在锅里煮。

"可是，你总得放点盐吧。"厨娘说，于是她给他一些盐，后来又给了豌豆、薄荷、香菜。最后，又把收拾到的碎肉末都放在汤里。

当然，你也许能猜到，这个可怜人后来把石头捞出来扔在路上，美美地喝了一锅肉汤。如果这个穷人对仆人说："行行好吧！请给我一锅肉汤。"那么他的下场肯定是被轰走。因此，伊索在故事结尾处总结道："坚持下去，方法正确，你就能成功。"

创新并不是天才的专利，创新只在于找出新的改进方法。任何事情，只要能找出把事情做得更好的方法，就能取得更大的成功。接着，我们来看看，怎样发展、加强创新能力。培养创新能力的关键是要相信能把事情做好，要有这种信念，才能使你的大脑运转，去寻求把事情做得更好的方法。

当你相信某一件事不可能做到时，你的大脑就会为你找出种种做不到的理由。但是，当你相信——真正地相信，某一件事确实可以做到，你的大脑就会帮你找出能做到的各种方法。人们为了取得对陌生事物的认识，总要探索前人没有运用过的思维方法，寻找没有先例的办法和措施去分析认识事物，从而获得新的认识和方法，用以锻炼和提高人的认识能力。创新就是不满足人类已有的知识经验，就是努力探索客观世界中尚未被认识的事物规律，从而为人们的实践活动开辟新的领域，打开新局面。没有创新能力，没有勇于探索和创新的精神，人类的实践活动只能停留在原有水平上，人类社会就不可能在创新中发展，在开拓中前进，人们所从事的事业就必然陷入停滞甚至倒退的状态。

员工的可贵之处在于具有创新能力。一个有所作为的人只有通过创新，才能为人类作出自己的贡献，体会到人生的真正价值和真正幸福。创新能力在实践中的成功，更可以使人享受到人生的最大幸福，并激励人们以更大的热情去积极从事创新，实现更大的人生价值。

培养你自己的创新能力

创新能力的培养，关键在于发展创新个性心理品质。

我们每个人都可能成为具有创新能力的人，关键是看我们有没有创新的观念和意识，能否掌握创新的思维方法和运用创新的基本技法。

人人都懂得创造的重要性。尤其是在今天，科学技术不断更新，人与人之间的竞争越加激烈，个人奋斗和集体思想同样重要的社会里，创新更是取得成功、实现自我价值的必经之路。

毫无疑问，我们正处在知识经济这样一个崭新的时代，一个急需创造精神的时代。知识经济的首要特征就是创新性，创新是知识经济的核心和灵魂。对于个人来说，若要在经济社会获得自我价值的实现，追求成功的人生，就必须培养和展现自己的创新素质，否则，将难以在激烈的竞争中凸显自己的价值。创新，是自我实现和自我完善的最关键素质。

何谓创新？就是在原来的基础上或一无所有的情形下，创造出新的东西。创新需要创新能力，创新能力不仅是一种智力特征，更是一种性格素质，一种精神状态，一种综合素质。

要创新，绝不是把一切都扔掉，连一些经得起时间考验的学识和经验都通通抛弃，不加选择地否定。要知道，经验是我们生活、学习、工作中总结出来的最实用的规律性的感觉，是做任何事都可以运用的原则性体验。而有的知识，并不是短时间就能更新换代的，相反却是放之四海而皆准、引导人类进行创新的理论。

因此，在寻求突破时，抛弃的并非是一切已经存在的东西，而是有所选择地否定那些逐渐僵化、生硬、陈腐、过时的观念和道理，包括我们认为非常成功却逐渐落伍，只能记载我们过去的辉煌的东西。

实际上，基本知识是我们创造的根本，是寻求突破的必经之路。如果一名运动员连运动规则都不懂，就整天想着如何向世界冠军进发，这只能是一种妄想。同样的，一名作家的作品在国内尚无人赏识、不被人传颂，却试图去拿诺贝尔大奖，并且完全抛弃自己的风格去学习那些诺贝尔奖得主们的写作手法，最后的结果也是可想而知的。

可见，我们在突破陈旧的思维，追求更大的成功时，切忌好高骛远，被他人的成功所迷惑，从而失去目标的准确性和可行性。创新能力不仅表现为对知识的摄取、改组和运用，对新思想和新技术的发明创造，而且是一种追求卓越的意识，是一种发现问题、积极探求的心理取向，是一种主动改变自己，并改变环境的应变能力。

创新能力的培养，固然需要全新的素质教育氛围和先进的社会文化环境的熏染；但对于个人来说，关键在于发展创新个性心理品质。事实上，人的创造性潜能是与生俱来的，只要愿意发掘，人人都可以开发自己的创新性潜能，成为创造性的人。

成为创造性的人需要后天的训练，需要克服可能出现的人格缺陷。成为创造性的人，是做人的最高价值指向，而且乐趣无穷。

事实上，我们每个人都有可能成为创新的人，关键是看我们有没有创新的观念和意向、有没有创新精神、是否有创新能力、掌握创新思维方法和运用创新的基本技法训练自己的创新思维和能力。

所谓创新的观念和意向，就是指对创新意义的认识和强烈的实现自我价值的意向。如果没有这方面的强烈意向或欲望，创新的活力将无法驱动。

所谓创新精神就是有胆量、勇气和知识超越已有的或传统的思想观念。科学文化乃至整个人类历史的进步都是人类创新精神的结果。拉马克否定传统的陈腐的生物学观念、达尔文否定拉马克进而形成进化论、爱因斯坦突破经典物理学的局限、郑板桥独创"板桥体"书法、亚历山大挥剑创造自己解开绳结的方法、哥白尼推翻以地球为中心的天文学说、拿破仑打破传统的作战规则、贝多芬改革交响乐的写作规则……与人类相关的各个方面的进步，无一不是创新精神使然。

创新精神的发挥有赖于突破传统思想、习惯行为和权威教条，独立思考，超越流行的束缚。它具体表现为：突破已有的研究成果的限制和消极影响；突破自身习惯性的心理束缚；克服现存文化上的障碍，如顶住不公正的舆论压力，等等。

这就需要具有抛掉成见的勇气，吸收新知识。如果只是重复已知的做法，就无法将技术或技艺琢磨得臻于完善，也不可能拥有新技术。为了不断完善、精益求精，就必须研究新事物、追求新方法，并从其中找到有助于目前正在做事的方法，促使自己突破原来的条条框框的限制。

可以相信，终其一生都能不断创造的人，必定经历过许多变化。艺术家的一生往往有许多不同的面貌与时期。毕加索起初以印象派登场，不久就开创了立体派。康德过了大半辈子之后，才起了大转变，完成《纯粹理性批判》之后，又有一次重大的转变，先潜心于道德，然后转而研究美学。这就是说，不经过长期艰苦的努力，很难获得真正的提高。

不言而喻，这样的转变经常是痛苦的，也是波涛汹涌的。因为一旦投身于未知的、崭新的领域，就可能会完全失败。但是，变革总是发生在危险与风险逼近时，缺乏勇气，就谈不上进步。

但是，有很多人正是因为缺乏这种无畏的精神而对新的状况望而却步，踟蹰不前。他们一旦到达某个阶段就开始惧怕新的事物，惧怕变化、惧怕成长。他们躲在自己的过去和家中以及自己的习惯里，就像靠退休金生活的人一样。他们一下子就从社会的舞台上消失，之后就再也没有任何作品，更没有任何人再提起他们。可见，一个人要保持创造力，不仅要有创造的欲望，还应具有推陈出新的勇气。这种勇气，不能与生俱来，更不能靠别人赐予，而要靠自己在实践中不断地积累，实践，升华。

一个人在熟悉的环境中生活久了，就会形成依赖性，造成安宁与舒适的假象。尤其是对于大多数人认可、赞赏的成绩，谁都不愿意轻易将之否定、抛弃。否定过去，对于任何人来讲，都是一种痛苦的体验并可能造成不安全、畏惧的感觉。但在很多情况下，没有否定过去的魄力，就不可能更新观念，创造更高成就。

创新能使一个人生命质量更大，这是我们自己拯救自己的一条可贵途径。同时，创新也是使我们受领导重视的一个重要的秘诀，我们必须时刻坚持创新。

有创意地进行你的工作

你在追求创意时，尚未获得一个完整的有价值的成体系的创意之前绝不可轻易罢手。

我们每个人都有创造思考的能力，同时我们身边也有无数值得去发现的好创意。只要多用脑筋，你就可以获得对公司、事业乃至于自己的生活有所助益的创意，而基本上你只要具备观察力与敏感性就能获得它。独特创意的产生并不是非天赋优异的人或职业专家不可，只要持以积极的态度，每个人都可以做到。反之，你若常保持着悲观态度，创意便会招致扼杀。

我们从出生就拥有开发创意的能力，可是我们在生活中并没有充分运用到这种能力，那么，怎样才能有创意地工作，从而让老板刮目相看呢？

首先，你应该做到非常了解你的企业，这是员工为企业和老板提出创新意见的前提。盲目地说话会让老板对你失去耐心和信任。虽然你可能一直在企业中工作，对自己的工作环境和工作任务非常熟知，但是作为一名员工，你对企业的经营战略和发展规划却不一定十分熟悉。由于企业的外界环境在不断地发生变化，企业的战略及规划也要根据环境的变化而变化，所以如果不通过管理者或自己主动获取这些变化的信息，那么你就会慢慢地落后于公司的发展。即使提出了建议，也是没有多大价值和实际意义的。

其次，根据调查显示，员工的创新型建议，有 90% 是不切合实际的。但你不要因为这一点而不敢向老板提出你的好建议。因为实际上不光员工如此，管理者的创新想法同样也有 90% 是不切合实际的。理解了这一点，你也就不用担心提出的建议因为不切实际而被老板笑话了。如果你提了 10 条建议，只有其中的 1 条或 2 条是有价值的，那这一点创新火花就足以让企业保持发展的活力了。

最后，提建议前的深思熟虑是很有必要的。有的员工不管自己的老板喜不喜欢听人意见，盲目上书，结果刚愎自用的老板往往会拒绝接受甚至对你产生反感。如果你的老板从谏如流，和善近人，也鼓励员工将自己的想法说出来。那么你就应该积极主动、大胆地向你的老板提出你的建议。

此外，你必须学会留心观察，若你能够仔细地审视目前工作的内容和环境，你就会立刻发现到一大堆需要马上解决的事情。你应多多思考如何使公司经营更具效率的问题，每天至少三十分钟，每次应该思考数个问题，如此一来获得有用方案的概率就会较高。

下面这一点关系到你的勇气和胆量了。你在追求创意时，尚未获得一个完整的有价值的成体系的创意之前绝不可轻易罢手。因为创造的过程就是探索的过程，其间充满了未知和各种各样的变数。所以在这个过程中由于太多的不确定是很容易就动摇的，这样连自己都没有自信的创意，如何能说服你的老板和上级，让他们相信你的创意是值得一听、值得一试的呢？所以，信心对于提高创意的成功率是至关重要的，一旦你动摇犹豫了，你的一切努力可能都会化为乌有。

不学习就会被淘汰出局

> 不论是在职业生涯的哪个阶段，学习的脚步都不能稍有停歇，要把工作视为学习的殿堂。

　　未来的职场竞争将不再是知识与专业技能的竞争，而是学习能力的竞争。随着知识、技能的折旧越来越快，不通过学习、培训进行更新，适应性自然越来越差，而领导又时刻把目光盯向那些掌握新技能、能为公司提高竞争力的人。一个人如果善于学习，他的前途会一片光明，他在职场中的地位就会更加稳固。

　　如果我们不继续学习，我们就无法取得生活和工作需要的知识，无法使自己适应急遽变化的时代，我们不仅不能搞好本职工作，反而有被时代淘汰的危险。特别是在科学技术飞速发展的今天，我们只有以更大的热情，如饥似渴地学习、学习、再学习，才能使自己丰富和深刻起来，才能不断地提高自己的整体素质，表现出比你别人更出色，从而赢得领导的重任。

　　在迅猛发展的今天，你有没有想过，你赖以生存的知识、技能时刻都在折旧。在风云变幻的职场中，脚步迟缓的人瞬间就会被甩到后面。优秀员工能敏感地意识到这一点。如果你是工作数年自认"资深"的员工，即使你是老板深深信赖的优秀员工，也不要倚老卖老，妄自尊大，否则很容易被淘汰出局。到时即使你是老板跟前的红人，他也会为了公司的利益，舍你而去，更谈不上重用你了。

美国职业专家指出，现在职业半衰期越来越短，所有高薪者若不学习，5 年之内就会变成低薪者。就业竞争加剧是知识折旧的重要原因，据统计，25 周岁以下的从业人员，职业更新周期是人均一年零四个月。当 10 个人中只有 1 个人拥有电脑初级证书时，他的优势是明显的，而当 10 个人中已有 9 个人拥有同一种证书时，那么原有的优势便不复存在。未来社会只会有两种人：一种是忙得不可开交的人，另外一种是找不到工作的人。所以，不懈怠地学习才是百战百胜的利器。

工作是任何职业人员的第一课堂，要想在当今竞争激烈的商业环境中胜出，就必须学会从工作中吸取经验、探寻智慧的启发以及有助于提升效率的资讯。年轻的彼得·詹宁斯是美国 ABC 晚间新闻当红主播，他虽然连大学都没有毕业，但是却把事业作为他的学习天地。最初他当了 3 年主播后，毅然决定辞去人人艳羡的主播职位，决定到新闻第一线去磨炼，干最苦最累的记者的工作。他在美国国内报道了许多不同观点的新闻，并且成为美国电视网第一个常驻中东的特派员。后来他搬到伦敦，成为欧洲地区的特派员。经过这些历练后，他重又回到 ABC 主播台的位置。此时，他已由一个初出茅庐的年轻小伙子成长为一名成熟稳健又广受欢迎的电视主播人。

专业能力需要不断提升技能组合以及刺激学习的能力相配合。所以，不论是在职业生涯的哪个阶段，学习的脚步都不能稍有停歇，要把工作视为学习的殿堂。你的知识对于所服务的公司而言可能是很有价值的宝库，所以你要好好自我监督，别让自己的技能落在时代后头。

目前企业都有自己的员工培训计划，培训的投资一般由企业作为人力资源开发的成本开支。而且企业培训的内容与工作紧密相关，具有很强的职业针对性，所以争取成为企业的培训对象是十分必要的。为此你要了解企业的培训计划，如周期、人员数量、时间的长短，还要了解企业的培训对象有什么条件，是注重资历还是潜力，是关注现在还是关注将来。如果你觉得自己完全符合条件，就应该主动向老板提出申请，表达渴望学习、积极进取的愿望。老板对于这样的员工大都是非常欢迎的，同时技能的增长也是你提升的有力保障。

　　具有主动进取精神的员工，永远不会满足于公司的培训，而不断地进行自我培训，提升个人素质。当然首选应是与工作密切相关的科目，其他还可以考虑一些热门的项目或自己感兴趣的科目，这类培训更多意义上被当做一种"补品"，在以后的职场中会增加你的"分量"。

学习能力比知识更重要

> 一个人要想有所成就，要想生活得幸福美好，哪怕是不饥不寒地度过一生，都要付出巨大的努力，就是活到老，学到老。

一家著名企业在北京大学招聘员工，提出的要求是英语能力和计算机能力要出众，许多人不解。招聘人员解释说："英语和计算机能力出众，意味着你具备学习能力，只要你具备了学习能力，我们就可以培训你学习专业技能。"

现在许多大企业在招聘新人时不再问："你会什么？""你学过什么？"而是问"你能否学会我们让你掌握的东西。"这就是一个变革的信号：学习比知识更重要。

在生存竞争日趋激烈、知识更新不断加快、科技发展日新月异的今天，对新知识的学习就显得更加重要。一个人要想有所成就，要想生活得幸福美好，哪怕是不饥不寒地度过一生，都要付出巨大的努力，就是活到老，学到老。

1987 年 7 月，苏艳霞以 4 分之差被挡在梦寐以求的大学校门外，然而她没有沉沦。她告诉自己，不能在痛苦中活着，要坚强一些，要从痛苦中站起来。

一个偶然的机会，苏艳霞的目光被一则五六百字的报道所吸引——密山县农民田玉雷靠种葡萄发家致富，年收入达六七万元，并带动整个乡发展。这个被多少人一视而过的报道，却在她的大脑中闪起亮光。她立刻联想到自己所处的环境。她心里有了一个目标：把自己家的前后园子利用起来种葡萄，如果赚钱了，将来上大学也可以自己负担学费。

当她将自己的想法告诉父母时，却遭到了父母的反对。于是她就带上仅有的168元钱，踏上了去往密山的路。在密山她获得了葡萄栽培技术，并买回了40棵葡萄苗。当她将葡萄苗栽下后，引来了许多看热闹的人，镇林业局的站长也来了，他们都说如果她栽培成功，明年他们也种。这些话让她灵机一动，萌生了培育葡萄苗的想法。她立刻赶往东北林业大学开始学习培育葡萄苗的技术。第二年她靠卖葡萄苗赚了6000元钱，让她兴奋不已。

1989年春，在她的软磨硬泡和镇妇联的协调下，镇政府将原来砖厂取土的80亩坑坑洼洼、土壤严重板结还堆满砖头瓦块的废弃地批给了她。为了不延误栽植时间，她雇了几个民工。为了节省下一个雇工的开销，她每天都和民工一起摸爬滚打在地里。就这样，80亩土地被一块一块地栽种上果树，她又在行间套种上了各种蔬菜。这一年，苏艳霞赚了2万多元。经过两年的努力，苏艳霞在领略着成功的同时，也明白了，土地是最善良、最忠诚、最富足的。一旦当你能够用心地去爱护它时，它会毫不吝啬地给你丰盈的回报。每一块土地本身都是丰厚的，生活在那里的人们之所以贫穷，并不是因为土地贫瘠，而是因为知识的贫瘠。

苏艳霞意识到：从庭院走向田野只是走向富裕的一步，只有走园艺栽培和精细农业的路子，才可能拥有更大的发展。为此，苏艳霞走进了东北农业大学、黑龙江省园艺研究所学习进修，并与北京良种工程研究所等8家科研单位建立了业务联系。通过学习，她不仅掌握了农业基础知识，还学会了苗木繁育、嫁接、栽培等系列技术。她要营造一个平台，一个改变农民意识的平台，她要让农民们相信，土地里一样蕴藏着丰富的金子，你只要通过不断地学习，丰富自己的知识，就会挖掘出土地里深埋的金子。

苏艳霞的成功，就在于她不甘平庸，不断学习，用知识提高能力，改变了自己的命运。优秀员工必定是学习能力强的人。学习能力帮助员工在企业中树立自己的特色，赢得老板的信赖。

学习能力就是成功之母

> 改变自己的唯一途径就是努力地学习，通过学习可以改造内在的品性与能力，从而改变外在的处境与地位。

为了帮助一个人生存下去，可以给他很多鸡蛋，但是鸡蛋终有用尽的一天；也可以给他几只母鸡，每天下蛋，大概可以让他生存一两年；还可以帮他建立一个养鸡场，并请人管理，除了自己吃，还可以赚点钱。其实，最好的方式是帮助他学会养鸡的技术和管理本领，成为养鸡专业户，从此不仅能够生存下去，而且能够实现可持续发展！所以学习能力才是真正的成功之母。

学习的内容纷繁复杂，然而最根本最重要的只有一项——学会学习。学会了学习，一切都会招之即来。可以毫不夸张地说，学习能力是"元能力"，是一切能力之母；学习成功是"元成功"，是一切成功之母。

然而，现实中的许多事例表明，这两种说法并不总是能成立的。只有那些从失败中汲取教训的人，才能使失败成为成功之母；同样，只有那些从成功中学习到成功经验的人，才能使成功成为成功之母。所以，无论失败成为成功之母，还是成功成为成功之母，要想实现哪一方面，都必须以学习为基础。因此，归根结底，应该说"学习是成功之母"。只有学习能力才是真正的成功之母、永恒的成功之母。如果不具备学习能力，那么失败可以成为失败之母，成功也可以成为失败之母。

成功，并不在于战胜别人，而在于战胜自己。你唯一能够改变的就是自己，你不可能也不可以去阻止别人的进步。而改变自己的唯一途径就是努力地学习，通过学习可以改造内在的品性与能力，从而改变外在的处境与地位。只有战胜自己的人，才是最伟大的胜利者、成功者。

"欲胜人者必先自胜。"一个对知识和技能马马虎虎，不把工夫花在自己身上的人，失败是必然的。那么怎样才能学习知识与技能，怎样才能战胜自我呢？答案很简单，那就是充分运用你的学习能力。汤之盘铭曰："苟日新，日日新，又日新。"只有不断运用学习能力，才能达到持续更新，持续发展的高境界。

我们也可以用三段论来推导出我们的结论：

成功，取决于人的学识与经验——大前提。

学识与经验，取决于人的学习能力——小前提。

归根结底，成功取决于学习能力——结论。

所以，学习能力是真正的成功之母。

在知识经济时代，竞争日趋激烈，信息瞬息万变，盛衰可能只是一夜之间的事情。在激烈竞争中，只有不断学习，善于学习的人，才能具有高能力、高素质，才能不断获得新信息、新机遇，才能够获得成功。如果不能不断提高素质，跟不上时代发展的步伐，个人将会被淘汰，企业将会被淘汰。

学习，是人的一生中一项最重要的投资，一项伴随终身的最有效、最划算、最安全的投资。任何一项投资都比不上这项投资。古人尚且懂得学习"是一本万利的投资"，尚且懂得"良田万顷，不如薄技在身"的道理，我们难道还不如古人？富兰克林说过："花钱求学问，是一本万利的投资，如果有谁能把所有的钱都装进脑袋中，那就绝对没有人能把它拿走了！"

学习能力，不仅是每一个人的成功之母，而且是每一个企业的成功之母。

　　所以，员工尤其是优秀员工，只有学习才能永远立于不败之地；只有充分运用学习能力才能无往而不胜。总之，学习是最根本、最通用的成功之法，学习能力是最根本的成功之母。

不断利用机会进行学习

> 在人生的这场游戏中，你应当保持生活和学习的热情，不断地吸取能够使自己继续成长的东西来充实你的头脑。

每个员工不是完美的员工，而是知道自己的不足，并且利用一切可以利用的机会来学习，坚持学习，这样和企业的节奏永远保持一致。

为了利用业余时间进修电脑课程，沃德参加了洛杉矶就业服务站电脑研习班。那天举行结业典礼，站长训词有一段勉励同学的话，沃德觉得深具意义：每个月最少要看一本书；每季最少要进修一次；每年最少要旅行一次；要培养一个正当的休闲活动；要有一颗善良的心、喜悦的心；每个人心中要有爱，要懂得回馈社会。

每季最少要进修一次，给沃德感触良多。社会的竞争是场马拉松比赛，别人在飞奔，自己怎么能停？所以"再教育"是十分迫切需要的。青年人更应该把自己的精力与心思，放在收集、学习与研究那些以后的人生旅程上自己所需要的知识、学问与技能，这就是要"再教育"。

如何使自己成为人才呢？这不是说说或想想就能达成的，必须"教育"。所谓"再教育而使自己成为人才"，其定义可能有很多，从经济层面看，人才就是特别为社会所需要的人。简单地说，社会需要两种以上知识相叠相补充的人。例如机械工业很有发展前途，但是现在在机械工业里，已大量介入电脑应用，机器配上电脑则可成为附加价值甚高的产品，因此其所需要的人才是既懂机械又懂电脑的人才，你若二者具备，就是他们需要的人才，你的机会就比只懂机械或电脑的人为多。

上面这种知识重叠的例子，在现今社会里可以说是普遍存在的。例如在美国一般制造业的大公司里，要想升任总裁或副总裁等重要职位，必须既懂该公司产品制造的工业，又要懂得企业管理，只有这种人才能将公司经营管理得好，否则你即使再优秀，也只不过是一名优秀工程师而已，你最多做到工厂厂长，但却很难当上总裁。因此在美国很多公司的工程师都跑到学校再去念一个企管硕士，如此努力地再教育自己，则会被公司视为人才，从而有更上一层楼的机会。

彼得·扎克说："在人生的这场游戏中，你应当保持生活和学习的热情，不断地吸取能够使自己继续成长的东西来充实你的头脑。"显然，学校里学的东西是十分有限的。工作中、生活中需要的相当多的知识和技能，课本上都没有，老师也没有教给我们，这些东西完全要靠我们在实践中边学边摸索。

可以说，如果我们不继续学习，我们就无法取得生活和工作需要的知识，无法使自己适应急遽变化的时代，我们不仅不能搞好本职工作，反而有被时代淘汰的危险。特别是在科学技术飞速发展的今天，我们只有以更大的热情，如饥似渴地学习、学习、再学习，才能使自己丰富和深刻起来，才能不断地提高自己的整体素质，以便更好地投身工作和事业中。据美国国家研究委员会调查，半数的劳工技能在 1 至 5 年内就会变得一无所用，而以前这段技能的淘汰期是 7 至 14 年。特别是在工程界，毕业 10 年后所学的知识还能派上用场的不足 25%。因此，学习已变成随时随地地必要选择。美国人认为：年轻时，究竟懂得多少并不重要，只要懂得学习，就会获得足够的知识。于是，企业与公司里的上班族已成为学习市场上成长最快的人群。1992 年，全美企业员工中仅接受企业正式拨款学习的人数就增加了 400 万，平均每人每年可以享有 31.5 小时的学习课程，因此全美企业员工的总学习时间增加了 1.26 亿小时，相当于 25 万名全日制大学生的学习时间。换句话说，大约要建好几十所和哈佛大学规模相当的新大学，才能满足企业员工的学习需要。目前，美国已有 26 家知名企业成立了自己的大学。学习的效益也日趋明显。在摩托罗拉，每花 1 美元投资在学习上，就可以连续 3 年提高 30 美元的生产力。"用学习创造利润"——这已被管理学界和企业界公认为当今和未来"赢"的策略。

瓦尔特·司各脱爵士曾说："每个人所受教育的精华部分，就是他自己教给自己的东西。"已故的爵士本杰明·布隆迪先生曾愉快地回忆起这句名言。他过去常常庆幸自己曾经进行过系统的自学，而这一名言其实适用于每一个在文、理科或艺术领域内的成就卓著者。学校里获取的教育仅仅是一个开端，其价值主要在于训练思维并使其适应以后的学习和应用。一般说来，别人传授给我们的知识远不如通过自己的勤奋和坚韧所得的知识深刻久远。靠劳动得来的知识将成为一笔完全属于自己的财富。它更为活泼生动，持久不衰，永驻心田，而这恰恰是仅靠被动接受别人的教诲所无法企及的。这种自学方式不仅需要才能，更能培养才能。一个问题的有效解决有助于探求其他问题的答案；而这样，知识也就转化成为才能。无需设备，无需书本，无需老师，也无需按部就班地学习，自己积极地努力就是唯一的关键所在。近年来，新技术、新产品和新服务项目层出不穷，就业能力的要求随着技术进步的加速也在不断变化着，标准的提高，使得技术发展的要求与人们实际工作能力之间出现了差距，由此产生了一种相当普遍的社会现象：一方面失业在增加，另一方面又有许多工作岗位找不到合适的就业者；一方面争抢人才的大战异常激烈，另一方面又有大批在岗者被迫离开岗位。伴随着知识经济的来临，企业对劳动力不再只是数量需求，更重要的是对其质量有了新的标准和需求。强化知识更新，树立"终身受教育"的观念已成为时代的呼声。

Part 9

请示沟通

——学会与领导进行交往

　　只有接触才能影响，只有交流才能合作。领导与下属之间，是一个相互作用、相互影响的互动过程。适当的接触和交流是一条纽带，可以增强领导对你的印象，增加对你的各方面能力和才干的了解，从而为你与领导建立一种良好的上下级关系，为你在职场的发展奠定了一个很好的基础。而过分地疏远，只能使你的才能被埋没，给自己的发展造成了很大的不利。

常与你的领导进行接触

> 路是人走出来的，事在人为，
> 接触领导的渠道要积极创造，感
> 情投资事半功倍。

得到领导的赏识，成为领导的知心人，需要多与领导交往。接触领导需要足够的勇气，需要举止自然。路是人走出来的，事在人为，接触领导的渠道要积极创造，感情投资事半功倍。

"近朱者赤，近墨者黑"包含着这样一个道理：即接触一个人或一类人多了，就有被同化的可能。与领导相处也是这样，领导一般都有自己的一套工作思路、工作风格和工作方法，他比较欣赏和重用的人大多是与自己的套路相同的人，这样的下属"好使唤"，什么事情"一点就灵"，不用翻来覆去地交代。要想达到这种境界，下属必须多在领导周围出现，加强沟通，增进了解。

工作中有"领导脱离群众"的弊病，常在报端或文章书本中受到批判，但同时也存在"下属脱离领导"的弊病，我们在这里确实应该弥补一下各种传媒对此保持沉默而缺少的批评，脱离领导实在不应该。

观察一下周围，脱离领导，与领导接触少，缺乏沟通的人大致有如下几种类型：一、恃才自傲，自以为是，不愿与领导沟通，自觉没有领导也行的人；二、老实正直，怕与领导接触多了引起"嫌疑"和"闲话"的人，这些人往往得不到领导的赏识而怀才不遇；三、层次很低，处于"一线"，拘泥于具体事务和简单劳动的技术型下属，缺乏与上层领导接触的机会；四、水平较低，担当重任的机会少，领导不常拉到身边安排任务的人。

从功利的层面上讲，脱离领导，与领导接触少、沟通少的人由于远离领导的视野而丧失了担当重任的机会，丧失了表现才能的机会，丧失了"效力"的机会，给自己的发展造成了很大的不利。评职称、晋级升迁、分福利时自然不为领导重视，往往吃亏。这可以说是一种不为自己的前程和发展负责的态度和行为。

在中国这样一个传统思想浓厚的国家，与领导接触过多是官场的一大"忌讳"，长期以来成为束缚人们思想和进步的一种教条。与领导交往多的人一不小心就可能被说成溜须拍马、"大红人"、"提鞋"，甚至叫做"狗腿子"。在这样的背景下，一些正直能干的人由于脱离领导而耽误了自己的远大前程，而一些能力虽不强但善于"走上层路线"的人却仕途坦荡、春风得意。所以说，这种思想和顾虑实在对自己的发展不利，无疑是把机会让给别人，把不幸留给自己。

与领导增加接触的诀窍

渠道越多，全方位投资就会越有效，与领导的关系就会越好。

怎样与领导增加接触，增进了解呢？

第一，需要有足够的勇气。

这种勇气应该使你既要敢于与领导平等相处，平等交流工作意见，又能使你排除障碍，抵御来自同事的愚蠢的非议。

某单位在一个节日举办庆祝宴会时，其他酒桌坐得满满腾腾的，唯独局长坐的那张桌子冷冷清清就他一个人，俨然"孤家寡人"。此时进来两个年轻小伙子，局长向他俩招呼过来坐在一起，其中一个环顾了一下四周后莫名其妙地笑了笑，扭头便坐到其他桌上去了，另一个犹豫了一下还是陪着局长坐在一起。局长很不自在地摇了摇头叹息道："连与我一起吃饭都不敢，还想成什么大事情。"

这是笔者的亲自见闻，局长那句发人深省的话迄今还回荡在耳边。没有足够的勇气，的确如那位局长所言，也就成就不了什么大事情。

第二，接触领导要自然。

许多人在领导面前心理素质不过硬，胆怯畏惧、怕出错误，缩手缩脚，言谈举止不自然，由于过度紧张，还常常弄巧成拙，这样的"交往"效果很差，甚至给领导留下不好的印象。

轻松自然的心理和行为是一个人综合素质的良好表现，领导既不是"神"，也不是"仙"，究竟有什么可怕的呢？一个小姐在向领导汇报工作时脸总是红红的、声音发颤、不敢抬头观察领导的眼神，一紧张还把手中的卡片撒得满地都是，这简直是一个痛苦的过程。后来，领导为了减轻这位小姐发慌的痛苦，给她调换了不经常需要汇报的工作。

第三，创造接触机会，争取领导。

要想全面地了解领导，必须有各种各样的机会。这些机会就是"投资"。工作中多请教、多汇报、多讨论，是"工作投资"；8小时之外更需要增加"感情投资"，我们这里着重谈谈感情投资。

人既是理性的生灵，也是感性的生灵，中国领导群的一个显著特点就是重视感情联络。"任人唯亲"虽是一种不好的用人机制，但由于各种原因要想在短期内破除也是不可能的。亲属、亲信、秘书、司机、老同学、老战友、老乡、老部下等与领导感情较深的人也往往是重用的对象。因此，有人总结经验说，"功夫要投到工作之外"。

感情投资的渠道很多，条条大路通罗马，哪一种渠道都可以加深与领导的感情。渠道越多，全方位投资就会越有效，与领导的关系就会越好。这些渠道列举如下：

1. 帮助领导办些私事；

2. 加强与领导家属的联系，不失时机去拜访；

3. 生活上关心、体贴领导；

4. 经常与领导"撮"上一顿酒饭，一片"秉"心在酒壶；

5. 娱乐时拉上领导，比如打牌、下棋、打球、跳舞等；

6. 不要忽视与领导聊天的作用；

7. 工作中讲义气，与领导患难与共。

第四，注意照顾同事的情绪。

某某与领导接触过多，领导经常交办任务，其他同事肯定会产生嫉妒，心里不舒服，嘴上也就不老实，各种诽谤随之而来。背后议论者有之，当面讥讽者有之。这就需要有足够的思想准备和勇气面对这一切，同时更需要在争取到领导赏识的同时，与群众打成一片，打好群众基础。"上层路线"与"下层路线"都搞好，在群众中结交几个"铁哥们"，多几个知心人，都可以增强抵御各种诽谤和嫉妒的力量。

与领导保持恰当的距离

> 与领导的接触和交往，是一个自然而然的动态过程，切不可过分疏远，以示保持距离，或者有意与领导接触，以示缩短距离，这都是不恰当的。

过分疏远领导，不利手下推销自己，不利于影响领导，不利于消除隔阂，不利于做好工作。下级要正确区分与领导接触同"拍马屁"、"别有用心"的界限。

如何处理好与领导的距离问题，是一门很深的学问。部属既要尊重领导，追随领导，又不可过从甚密，甚至是与领导你我不分；既要与领导保持适当的距离，又不能过分疏远，影响彼此的感情。在许多论述下级与领导相处的著作中，就"保持距离"问题已谈论很多，这里我们将着重讨论另一个问题，即下级也不要对领导过分疏远。

在《智囊补·上智部远犹卷二》中，冯梦龙曾介绍了一个叫唐肃的人，此人就深谙人情世故，深得官场中距离之三昧的。

唐肃曾与丁晋公是好朋友，两家的宅院正好相对。丁晋公马上就要入朝辅弼皇上了，唐肃就把家迁到了一个叫州北的地方。有人问他其中的缘故，唐肃说："去他家小坐则要行大拜之礼，来往几次，就有了攀龙附凤之名。如果很久又不相见，必然又会引起对方在情感上的猜疑，所以还是躲开的好。"

冯梦龙对他的举动甚为称赞，评曰："立身全交，两得之矣。"

在我们的日常工作中，在如何处理与领导的距离问题上，有些同志的确做到了"保持距离"，不会"事涉依附"但也有的人过分地疏远领导，以至于"情有猜疑"，影响了上下级关系的正常发展，这实在是与领导和谐相处的一大忌讳。

与领导过分疏远，不利于下级推销自己，不利于领导对你的了解。适当的接触和交流，是一条纽带，可以帮助下级把自己的才华和能力介绍给领导，使领导在安排工作时，能够想到你。你可不要小看这一点，有时它会成为你命运的转机。同时，在日常的工作中，领导往往并不满足于通过人事档案或正式途径来了解自己的下属，他还需要一些感性的知识，并加入自己的判断。档案中的人是僵化的，有时并不能全面反映一个人的各种素质和能力，而现实中的接触所得、交流所感则是活生生的，有血有肉的。增加与领导的接触和交流，就会增强领导对你的印象，增加对你的各方面能力和才干的了解，从而为你与领导建立一种良好的上下级关系，奠定了一个很好的基础。而过分地疏远，只能使你被埋没。毕竟"酒香不怕巷子深"的时代早已过去了。

与领导过分疏远，也不利于下级影响领导，发挥自己的聪明才智。借用国际政治中常用的一句话，"只有接触才能影响；只有交流，才能合作。"领导与被领导者之间，是一个相互作用、相互影响的互动过程。领导在与下级的交往中，往往会受到下级观点的启发，下级便也因此获得了影响力，增强了自己的重要性。

小王曾在与领导的交谈中，说出了一个自己对工作的想法。领导听后，觉得很有新意，值得重视。于是，他便告诉小王，注意收集一下这方面的材料，最好能把这个想法变得更成熟一些，拿出一个方案来。小卫非常珍惜这次机会，做得非常认真，也非常出色，因而获得了领导的赏识。

与领导过分疏远，不利于消除上下级之间的隔阂。隔阂和成见都是由于信息交流不畅、信道阻塞造成的。有些下级，因为与领导之间有误解，所以就故意躲着领导，这其实只会加重彼此的隔阂，造成心理上的偏执，更不利于协调上下级关系。明智之举是，愈是彼此之间存有芥蒂，就越是应该主动地与领导接触，增强沟通，防止祸患于未然，阻止事态的恶性发展。还有些下级，本来与领导相处甚安，但是由于故意地疏远领导，想保持距离感，反而使领导觉得这位下级对自己有看法，因而也对之产生了猜疑。"疑"与"信"是相互对立的，古人就讲：要信而不疑，怀疑常成为祸患之源，有了猜疑便会有心理隔膜，便会"听信谗言"，便会导致最终失去信任。做下级的，一定要注意消除误解，释上之疑。与领导过分疏远，还不利于下级做好工作。一般领导都喜欢把重要的工作交给比较了解、信任、心有灵犀的下属去完成，这样与领导疏远者就无法担当此任。没有做重要工作的机会，自然也不易作出重要成绩，获得领导的重视。与领导过分疏远者，往往不易得到上级的支持，没有上级的支持，你就会有许多难以克服的障碍，影响工作的成绩和效果。而且，实践也证明，工作中是特别需要与领导保持经常性的接触的，这是保证工作沿着正确方向进行，能够做到随机应变地调整计划和处理问题的必然要求和根本保障。做不好工作的下级，便会失去领导眼中的价值，难以得到重用。

与领导接触，并不是"拍马屁"，"别有用心"。下级在与上级交往中，一定要克服这种心理障碍。这种心理障碍会使你对领导持一种敬而远之的态度，为你的发展带来诸多不利。友谊与势利是两回事。投人所好、曲意逢迎的拍马屁，是建立在人格扭曲的基础上，而寻觅友谊的交往，却是人格解放的表现。在具体行为表现上，光明磊落、不卑不亢的正常交往，同别有用心地阿谀之举，是有着明显的区分的。下级只要做到真心诚意，大可不必去领会旁人的冷语与猜忌，此正是"不做亏心事，不怕鬼敲门。"

当然，我们说友谊与势利是两回事，并不等于说友谊不会带来利益。抱以一种实用主义的态度，与领导关系很好这本身就是一种利益，对下级大有好处。据说，有的同志就是靠同厂长下象棋，解决了自己长期得不到解决的住房问题。只要不危害国家和社会利益，不违反党纪国法，这样的结果也是无可厚非的，而且值得我们下级思考。

总之，与领导的接触和交往，是一个自然而然的动态过程，切不可过分疏远，以示保持距离，或者刻意与领导接触，以示缩短距离，这都是不恰当的。

向领导请示工作有学问

> 关键处多请示是下属主动争
> 取领导重视的好办法，也是下属
> 做好工作的重要保证。

工作的关键地方是领导关注和敏感的区域。在关键地方多请示领导，征求他的意见和看法，既能让领导宏观管理和控制工作的关键环节，使领导感受和体会到自己权力的有效性和价值，也能让下属主动争取领导重视、把工作做好的关键，更是下属赢得领导信任的必要条件。

聪明的下属善于在关键处多向领导请示，征求他的意见和看法，把领导的意见融入正专注的事情上。关键处多请示是下属主动争取领导重视的好办法，也是下属做好工作的重要保证。

领导的职权主要是把握工作大局，掌握关键环节。许多单位领导中不乏能力和精力超群的人，但即使这样，他们也不可能对管辖范围中的所有事情、所有地方都能关注到。一些很有办法的领导总是把自己从众多纷繁复杂的具体事务中摆脱出来，专事宏观管理和控制关键环节。因而，关键地方成为领导关注和敏感的区域。

许多人并不了解领导的这种心理，使自己的请示无的放矢，把握不住关键，凡事不论大小，从不自己决定，统统推给领导，给领导增加了负担，弄得领导也不高兴。常德新是办公室的年轻小伙子，在他心目中，主任是绝对权威，凡事都得经过主任批示自己才敢执行。一次，某单位来借一份文件，常德新立刻跑到主任那里请示能不能把文件外借，主任时值正忙于一件很棘手的事情，很不耐烦地回道："什么事都来问我，没看见我正在忙吗？要你干什么使的？"常德新讨了个没趣。

凡事无论大小都向领导请示是不明智的，领导主要精力是管理大事和把握关键，无关紧要的事会让他产生权威性被降低的感觉。因而，请示的问题必须是关键的、有价值的，才能更好地使领导感受和体会到自己权力的有效性和价值。

还有一些人喜欢自作主张，事无大小，只要领导交给他办，领导就不用再过问了，一切由他包揽。也有人害怕请示，总是想："我向领导请示问题，他会不会觉得我水平低、独立性差？"不请示害处更大。某省在一次会议结束后举办招待宴会，工作人员在安排座次时，由于不熟悉军队编制，也没有向会议主管领导请示，就自作主张地把两位大军区级部队首长安排到一个角落里，远离省委、省政府的领导，使得大家知道后感到非常尴尬。事后，工作人员受到了严厉的批评。关键的地方往往是容易出问题的地方，中国人历来重视资格与座次，工作人员恰恰栽倒在这里，不难设想，纵是良辰美酒也只能虚设了。如果在关键处出了问题，下属肯定是"吃不了兜着走了"；同时，领导也受到牵连，不能不承担责任，结果对大家都不利。

中国古代就有很多能臣非常重视于关键处多请示的技巧，徐达便是其中一个。徐达原为朱元璋的老部下，在攻打张士诚时，朱元璋任命他为大将军，常遇春为副将军，命他们率20万水师进逼湖州。一路大捷，最后把张士诚部队团团包围在苏州城，在城外筑起三层土台，鸟瞰城内动静，并架起弓弩火枪，台上高架大炮，攻下苏州城可以说如探囊取物不费吹灰之力了。但此时徐达非常谨慎，他平时深知朱元璋的脾性和虚荣，经过冷静地深思熟虑后，立即派心腹密使赶到朱元璋那里请示攻城计划。朱元璋听了汇报后很高兴，他自己也拿不出主意，就写信大大夸奖了徐达一番，大意是"将军向来勇谋绝伦，故而能够粉碎乱谋，削平群雄，现在事必禀告请命，这是将军的忠诚，我甚为安慰。然而将在外，君不必御。军中的轻重缓急，将军应相机而行，我不从中制约。"徐达接到指示后，既然朱元璋放权于他，便立即挥军直捣苏州城，活捉张士诚，收降敌兵 25 万人。朱元璋满心欢喜，封徐达为信国公，犒劳三军将士。

徐达之所以屡立战功而又深得朱元璋信赖，与他的老谋深算是分不开的。朱元璋作为主帅，在他江山还没有坐稳的时候，对他自己的权威性很敏感，担心部属能力超过他而心怀野心，关键事情不请示无疑是对他的忽视和挑战。徐达深明此道，巧妙地经常使用请示的技巧赢得了朱元璋的信任，值得借鉴和学习。

掌握向领导请示的诀窍

在向领导请示的方式上应当
越灵活机动越好。

这里介绍一种把握"关键"的"5W法",也就是要把握好
what（关键事情）、where（关键地方）、when（关键时刻）、why
（关键原因）、how（关键办法）进行请示。

第一，关键事情（what）。领导主管领域的事情，如某领导抓
财务、人事，那么，财务、人事的事一定要向他请示；牵扯其他
领导与部门的事，需要领导决定或出面，一定要多请示；影响面
大，涉及利益关系的事情也是关键事情。

第二，关键地方（where）。领导擅长的领域，如你写了一篇
综合性文章，对经济方面的哪一部分把握不大，就要向擅长经济
工作的领导请教；排名或座次安排也应向领导报告；调查地点、
会址等的安排也需要征询领导的意见。

第三，关键时刻（when）。请示也要把握好"火候"，该请示
的时刻不要懈怠，不该请示的等待机会。上例中的徐达请示的不
早不晚，攻城已很有把握但还没攻下时向朱元璋请命，既保证了
能够取得胜利，又表现了大功告成之际不忘主帅的精明。

第四，关键原因（why）。向领导请示问题不是随随便便的，
请示前你应该对请示的原因有个圆满的说法，才能在请示时让领
导感觉到事情竟然这么重要，很值得自己慎重考虑，觉得你肯动
脑子。

　　第五，关键方式（how）。方式不同，请教的效果也不一样。以徐达为例，围城之后，如果他亲自到朱元璋那里请示，抛下苏州城不管，朱元璋一定会认为他作为主将，擅自离开军队可能会动摇军心，敌我形势对比也可能会顷刻万变，岂不是小题大做？徐达派了自己的心腹密使来执行这个任务是最好的办法。所以，在请示方式上应灵活机动，有的需书面请示以表严肃性，有的当面口头请示就可以了，还有一些事不必亲恭，打个电话请示一下也就结了。

掌握向领导汇报的技巧

聪明的下属懂得：完成工作时，立即向领导汇报；工作进行到一定程度，必向领导汇报；预料工作会拖延时，应及时向领导汇报。

在工作中，领导和下属往往容易形成一种矛盾，一方面下属都愿意在不受干扰的情况下独立做事；另一方面领导对下属的工作总有某些不放心之处。那么，谁是矛盾的主体呢？这就要看下属和领导的工作内容、工作范围甚至工作职责。一句话，在很大的程度上，下属的命运是由领导掌握的。因此，在这种情况下，要解决上述矛盾，通常的情况是下属应适应领导的要求，凡事多汇报。

聪明的下属懂得：完成工作时，立即向领导汇报；工作进行到一定程度，必向领导汇报；预料工作会拖延时，应及时向领导汇报。

在汇报的时候，要掌握如下技巧。

1. 调整心理状态，营造融洽气氛

向领导汇报工作要先营造有利于汇报的氛围。汇报之前，可先就一些轻松的话题作简单的交谈。这不但是必要的礼节，而且汇报者可借此机会稳定情绪，理清汇报的大致脉络，打好腹稿。这些看似寻常，却很有用处。

2. 以线带面，从抽象到具体

汇报工作要讲究一定的逻辑层次，不可"眉毛胡子一把抓"，讲到哪儿算哪儿。一般来说，汇报要抓住一条线，即本单位工作的整体思路和中心工作；展开一个面，即分头叙述相关工作的做法措施、关键环节、遇到的问题、处置结果、收到的成效等内容。

3. 突出中心，抛出"王牌"

泛泛而谈，毫无重点地汇报显得很肤浅。通常，汇报者可把自己主管的或较为熟悉的、情况掌握全面的某项工作作为突破口，抓住工作过程和典型事例加以分析、总结和提高。汇报中的这张"王牌"应最能反映本单位的工作特色。

4. 弥补缺憾，力求完美

下属向领导汇报工作时，往往会出现一些失误，比如对一些情况把握不准或漏掉部分内容，归纳总结不够贴切等。对于失误，可采取给领导提供一些背景资料、组织参观活动、利用其他接触机会与领导交流等方法对汇报进行补充和修正，使其更加周密和圆满。

以请教的方式提出建议

许多的经验表明，以请教的
方式提出建议更易让领导接受。

以请教的方式向领导提出建议，会使领导感到被人尊重，会使你找到为领导所接受的共同基础，会增加你们彼此的信任，从而有利于减少摩擦和敌意，使你的建议更易让人接受。下属提出一个建议，试图让领导接受，这不仅取决于建议内容本身的合理性，还往往取决于下属提出建议的方式。注意提建议的方式方法，就是要时刻注意领导的心理感受和变化轨迹，就是要求下属在提出建议的时候首先要获得领导的心理认同。

许多的经验表明，以请教的方式提出建议更易让领导接受。

请教，是一种低姿态。它的潜在含意是，尊重领导的权威，承认领导的优越性。这表明，下属在提出意见之前，已仔细地研究和推敲了领导的方案和计划，是以认真、科学的态度来对待领导的思想的。因而，下属的建议应该是在尊重领导自己的观点基础之上的，很可能是对领导观点的有益补充，这种印象无疑会使领导感到情绪放松，从而降低对你的建议的某种敌意。

我们每个人都是很有这样的体会的：当你还是个高中生的时候，你会遇到初中的小弟弟、小妹妹们向你请教各种问题，充满敬仰地要求你谈谈自己的学习方法，等等。这时，无论你多么不高兴，多么忙，你都会带着一丝骄傲解答他们每一个稚嫩的问题，并从他们的目光中得到某种心理满足。如果我们能静下心来仔细分析这样的经历，我们会发现，成就感是多么早又是多么牢固地根植于我们每个人的心灵深处。别人向我们求教，这就表明自己在某些方面是具有优越性的，如果说我们受到了崇拜，这大概有点儿过分，但说我们至少受到了重视、具备了一定的影响力，却是一点儿也不假。在被别人请教时我们心中涌起的愉悦感和自豪感往往是并不能为我们自己所清醒意识到的，但它却主宰着我们的情感，甚至是我们的理智。每一个健康的、心智正常的人类都会对这种感受乐此不疲，即使是领导也不能例外。请教的姿态，不仅仅是形式上的，更有内容上的意义。这样你可以亲自聆听领导在这方面的想法，这种想法在很多时候是他真实意志的浮现，而他却并未在公开场合予以说明，而且很有可能是下属在考虑问题时所忽略了的重要方面，这样，在未提出自己意见之前，首先请教一下领导的想法，可以使你做到进退自如。一旦发现自己的想法还欠深入，考虑得不是很周到，你还有机会立刻止口，回去后再把自己的建议完善一下。如果你的建议仅仅是源于未能领会领导的意图，那么，你的建议不仅是毫无意义、分文不值，而且还暴露了你自己的弱点，这对你绝非是什么幸事。

向领导请教，有利于找出你们的共同点，这种共同点，既包括在方案上的一致性，又包括你们在心理上的相互接受。

许多研究者都发现，"认同"是人们之间相互理解的有效方法，也是说服他人的有效手段，如果你试图改变某人的个人爱好或想法，你越是使自己等同于他，你就越具有说服力。因此，每个优秀的推销员总是使自己的声调、音量、节奏与顾客相称。正如心理学家哈斯所说的那样："一个造酒厂的老板可以告诉你一种啤酒为什么比另一种要好，但你的朋友，无论是知识渊博的，还是学识疏浅的，却可能对你选择哪一种啤酒具有更大的影响。"而影响力是说服的前提。

有经验的说服者，他们常常事先要了解一些对方的情况，并善于利用这点已知情况，作为"根据地"、"立足点"，然后，在与对方接触中，首先求同、随着共同东西的增多，双方也就越熟悉，越能感受到心理上的亲近，从而消除疑虑和戒心，使对方更容易相信和接受你的观点和建议。

下属在提出建议之前，先请教一下自己的领导，就是要寻找谈话的共同点，建立彼此相容的心理基础。如果你提的是补充性建议，那就要首先从明确肯定领导的大框架开始，提出你的修正意见，作一些枝节性或局部性的改动和补充，以使领导的方案或观点更为完善，更有说服力，更能有效地执行。

如果你提出的是反对性意见呢？有人会说，这到哪里去找共同点呢？其实不然，共同点是不仅仅局限于方案的内容本身，还在于培养共同的心理感受，使对方愿意接受你。而且，可以说，越是你准备提出反对，你就越可能招致敌意，因而越需要寻找共同点来减轻这种敌意，获得对方的心理认同。此时，虽然你可能不赞成你的领导的观点，但你一定要表示尊重，表明你对他的理性的思考。你应设身处地地从领导的立场出发来考虑问题，并以充分的事实材料和精当的理论分析作依据，在请教中谈出自己的看法，在聆听中对其加以剖析，只要你有理有据，领导一定会心悦诚服地放弃自己的立场，仔细倾听你的建议和看法。在这种情况下，领导是很容易被说服的，采纳你的意见和建议的。

请教会增强领导对下属的信任感。当你用诚恳的态度来进行彼此的沟通时，领导会逐渐排除你在有意挑"刺"儿，你对领导不尊重等这些猜测，逐渐了解你的动机，开始恢复对你的信任。

社会心理学家们认为，信任是人际沟通的"过滤器"。只有对方信任你，才会理解你良好的动机，否则，如果对方不信任你，即使你提出建议的动机是良好的，也会经过"不信任"的"过滤"作用而变成其他的东西，这种东西往往是被扭曲了的，带有怀疑主义的色彩，这使得他不可能很理智地去分析你的意见和建议，你的每一句话都会被与你的"不良"动机联系在一起。

善于和领导交流的员工，无疑是令人刮目相看的。领导也会非常高兴自己有这样的好员工。可以说，会交流就等于把事情办好了一半，不但让你知道领导的想法和思路是什么样的，也让领导充分了解你的想法和知晓你的才干，这对大家都是一件非常有利的事情。

积极地跟领导进行沟通

不要见着领导就绕着弯走，多跟老板聊聊天，沟通一下，不管从哪个角度说，都是一件对你的职业生涯极有好处的事情。

有些很有"正义感"的人总是认为：跟领导走得近乎，还不就是为了多得点好处，想升职、要待遇，其实也不见得有什么真材实料，"正经"人是不屑如此的。

不可否认在某些公司确实存在着这种现象，所以往往这种公司才会"小人得志"，同样，这种公司也留不住人。如果你目前是在这样的公司供职，离领导远近还真无所谓，因为即便混个一官半职也没什么意思；但如果你是在效益好、能学到真本事而又人员竞争激烈的环境下，多与领导接触就是一件很有必要的事情。因为无论是从开阔思路的角度考虑，还是从更实在的站稳位置的方面着想，"让在任的领导喜欢你"都是很重要的事情。

小静在一家公司里任职，原来是不显山、不露水，只是公司一位领导时常过来找她聊天，这位领导虽不直接领导小静，但他是公司董事局的成员，他的意见可以直接影响到每位员工的去留。因此，小静一直稳稳当当、别人无法顶替地做着一份工作。这份工作的唯一缺点就是不太能显出小静的精明，并且让别人在背后说些她与那位领导的"小道消息"。后来，那位领导因为个人原因离开了公司，有些人便认为小静这下没人"疼"了。根本不是那么回事，新老板上任3个月，便对小静青睐有加，大会、小会一通的表扬。小静是聪明人，自从受到第一次表扬后，她总是能在楼道里、饭厅里适时地与领导巧遇，看似有一搭、无一搭地说些工作上的想法什么的。小静工作上的成绩确实也是有目共睹的，当然是不是就真的到了领导表扬得那么杰出的程度，不好说；反正小静不仅得到了公司年度的最高奖励，并且领导有意让她升为中层领导。小静没答应，结果一年后，这任领导又走了。第三任领导走马上任了，征求了一些人的意见，小静就升为了部门主管。这第三任领导跟前两任一样，见了小静就忍不住地高兴。有些人背后说小静能得到政见不同的三任领导的共同"喜欢"，是性格所致，因为小静有"女人味"。这话背后的意思也许不那么高尚，但是那些不服的人从此就不得不服：让所有的老板都喜欢，这是"智慧"。谁都知道小静业务是不错，但不错的不止是她一个人，为什么领导偏偏信任她呢？因为她会审时度势，会制造机会让领导了解自己，进而信任自己。

最怕的就是见了领导掉头儿就走，要不就勉强打个招呼，一低头过去了。那样领导说不定以为你在工作上出了什么问题，要不怎么见了领导就像耗子见了猫似的。这种员工要么是真的有什么事情不愿意让领导知道，要么就是对自己的工作成绩缺乏自信。如果是第二种情况，实在大可不必。也许你对自己要求太高，对自己总是不满意，也许领导并不像你自己认为的那样，觉得你成绩不好，即使你真的比别人差些，只要工作努力了，领导也并不会看不起你，相反，把你的"痛苦"告诉他，他也许会给你一些好的建议，让你的思路一下子豁然开朗呢。

总之，领导不可怕，不要见了就绕着走。多跟领导沟通，绝对只有好处没有坏处。

沟通也要摸准领导的脉

"好喝酒的不入茶坊。"摸准了领导的脉，才好找准与之沟通的切入点。

许多人都认为与领导的沟通尺度和交流分寸很难掌握。可是有人却很快得到了领导的信任，不但薪水多了，职位也提高了，为什么呢？

简单地说，因为他们摸准了领导的脉。

"好喝酒的不入茶坊。"摸准了领导的脉，才好找准与之沟通的切入点。

日本一名牌大学毕业生应聘于一家大公司。他认为：凭自己的学历，不论到哪家公司任职都是蛮有希望的。

当他面对招聘人员时，却不等招聘人员向他提出问题，自己便滔滔不绝地作起了自我介绍，并不时地提到自己的学历如何之高，高学历同企业的管理水平是密不可分的，等等。当时招聘人员显得很不耐烦，顺手抓起一张报纸看起来。当他看到招聘人员如此这般，只好把没有说完的"个人简历"停了下来，同招聘人员打了一声招呼，很不自然地迈出招聘办的门槛。他一连走了好几家公司，都如出一辙地以失败而告终。

人总是这样，只有在失去时才知道珍惜。当他又一次来到这家大公司的时候，却意外地碰到了高中时的一位同学，于是他向这位同学说明情况之后，这位同学说："我们公司并不重视学历，最重要的是你的德行。"一句话使他茅塞顿开。

当他再次进入这家大公司的招聘办的时候，万幸的是由于应聘人员太多，招聘人员并没有注意到曾经来过一次的他。这次，他一改上次的经验教训，只是同招聘人员打过招呼之后，等着招聘人员的发问。

招聘人员审视着他的脸，出乎意料地问："你替父母擦过身子洗过澡吗？"

他很老实地回答："从来没有过。"

"那么，你替父母捶过背吗？"

他想了想："有过，那是在我读小学时，那次母亲还给了我10块钱。"在诸如此类的交谈中，招聘人员只是安慰他别灰心，会有希望的。

他临走时，招聘人员对他说："明天这个时候，请你再来一次。不过有个条件，刚才你说从来没替父母擦过身，明天来这里之前，希望你一定要为父母擦一次。能做到吗？"这是招聘人员的吩咐，因此他一口答应了下来。

他虽然大学毕业，但家境贫寒。他刚出生不久父亲便去世了，从此，母亲做佣人拼命挣钱。他渐渐长大，读书成绩优异，并考进了东京名牌大学。学费虽然令人生畏，但母亲毫无怨言，继续帮佣供他上学。直至今日，母亲还在做。他到家的时候，母亲还没有回来。母亲整天帮人家干活，身体一定很疲劳，如果帮母亲洗澡的话，肯定会缓解母亲的疲劳情绪。

母亲回来后，当听到他要为自己洗澡，感到很奇怪："我整天帮佣，哪有不脏的时候，算了吧，况且我自己也能洗，何必用你呢。"

于是他将自己必须替母亲擦身的原委一说，母亲很理解，便按他的要求坐进了澡盆。当母亲脱掉内衣时，他发现母亲的身体骨瘦如柴，身上的肋骨一根根暴露出来，他被呈现在自己面前的母亲佝偻的身体惊呆了，不由得搂着母亲潸然泪下。在读书时，他心安理得地花着母亲如期送来的学费和生活费，现在他才知道，那些都是母亲的血汗钱。

第二天，他如约来到那家公司，对招聘人员说："现在我才知道母亲为我付出了多大的代价，使我明白了在学校里没有学过的道理，谢谢你。

"如果不是你，我还不知道母亲为我付出了多少辛劳和汗水。我只有一个亲人——母亲，我要照顾好母亲，再不能让她受苦了。"

招聘人员满意地点了点头，说："你明天可以到公司上班了。"

这个故事告诉我们，在同领导谈话时，不要把自己认为是有用的东西一股脑儿地讲给领导听，这不仅会遭到领导的反感，而且对自己以后的工作也不利。

Part 10

灵活处理

——应对危机，超越自我

　　在职业生涯中总会遇到一些危机时刻，比如说领导对你发火，领导突然对你冷落，你与领导之间存在分歧，面临下属的竞争挑战，企业裁员的压力等，这时候，你必须学会冷静分析，针对领导的特点和当时的环境灵活处理，顺利渡过危机，使问题得到妥善解决。另外，在我们自身方面，则需要不断突破职业生涯的瓶颈，不断提高自己的能力，超越自己，使自己立于不败之地。

巧妙地对待领导的发火

对待领导的发脾气就是要"以静制动"、"以柔克刚"。

面对种种不如意、不合预期的事情，谁都容易发火，对于那些有权对别人进行批评或训斥的人来说，则更是如此。领导发火，是我们每个人在工作中都会经常遇到的事情，处理不当便会影响我们工作的心境、上下级关系的和谐，因此当慎之又慎。

当领导发火时，下属应该牢牢记住十个"不要"，让领导的火先发出来。待其火气已息，再作解释。有时，当场拿出事实和行动来，对于解决问题也是必要的。

通常，你只要能够把握住下面几点，你就会顺利地渡过危机，使问题得到妥善的解决。

1. 先让领导的火气发出来

固然，领导发火，其理由不一定充分，其观点也不一定正确，但是他有权发火，而且人的"火气"是易泄不易压的。我们都知道，在日常生活中，灭火要用水，而不是用风，因为水主"静"、主"柔"，这就启示我们，对待领导的发脾气就是要"以静制动"、"以柔克刚"。所以，当下属遇到领导发火时，最好的办法就是硬起头皮来洗耳恭听。正确则心里接受，不对则事后再找机会说明，这比马上辩解，风助火势，火上浇油要高明不知有多少倍。领导正在火头上，理智最容易受情绪的支配，很难冷静地分析问题和听取意见，许多人正是在"一怒之下"而做出许多遗恨千古的事情。所以，你必须明白，向情绪尚处于激动状态的领导所作的任何辩白，在效果上都是徒劳的，而且会适得其反。

而且，"火"压在心中，无论对谁都是很难受的。现代医学就证明了宣泄而不是压抑对保证身心健康的重要作用。也许你用某种手段侥幸使领导压住了火气，但他迟早还是会在另一处或另一时爆发的，而且火力可能更旺，更不利于解决问题。所以，甘当领导的"出气筒"，对领导有益，最终对下属也有利。

王根宝先生曾在他的《与领导相处的艺术》一书中提出了10条建议，现录于下，谨供大家参考。

不马上反驳，或愤愤离开。

不中途打断领导者的话，为自己辩解。

不要表现出漫不经心或不屑一顾。

不文过饰非，嫁祸于人。

不故意嘲笑对方。

不用刻薄的含沙射影的语言给领导者某种暗示。

不对领导者进行反批评。

不转移话题，假装没听懂对方的话。

不故作姿态，虚情假意。

不灰心丧气，影响工作。

相信这10条建议定会对你有所启迪。

2. 事后作解释

下属受到领导的责备和训斥，总是希望能为自己辩护几句。在其火气正盛之时，一句解释的话也是多余的。但是，这并不等于说下属就不能找机会在其他时候说。最好的方法是在领导发完脾气、安静下来后，再找个时间来作解释。而且，最好能经过一个黑夜的间隔，使领导有机会平息心境，反省自己的态度，注意措辞和方式方法问题。一般，人们发完脾气后，都是会有些后悔和自责的，许多领导还会为自己不能"制怒"而感到懊悔，这种心理却正好可被下属利用，从而使谈话能够趋于平和，并能创造出一种有利于己的心理氛围。如果下属的确做错了事，一定不要羞于再见领导，或害怕再被训斥。高明的领导是绝不会为同一个问题动两次肝火的。但下属在事后深刻地检讨和表明决心却是十分必要的。这表明，你并没有忽视领导的话，你有了自我反省并希望有机会进行改正的意愿。此时，领导必然也会说，"其实昨天我的态度也不好……"这样，他就不会苛刻地要求你了，相反，作为对你"态度不好"的补充，他可能较平常更为宽容和大度。

如果领导对下属的责难是错误的，下属就更应该在事后澄清，洗去不白之冤。但是，虽然真理在手，下属仍是要讲究策略的。这里，为你提供一个小的技巧，即先承认自己的一点错误，然后再话锋一转，向领导解释事情的真相和原委。

为何要先承认自己的一点错误呢？

道理很简单，那就是给领导一个台阶下。否则的话，这就等于说领导原先的训斥是毫无道理的，是完全错误的，这自然会使领导心理上无法认同。没有心理上的契合，那你后面的解释自然就不会被悉心听取。使领导有尊严感，就会防止他为获取尊严而采取不利于你的行动。况且，每一个下属都不一定是无可挑剔、没有错误的，领导的斥责中也不一定没有一句话是比较客观公正的。

3. 拿出事实和行动来

有时候，领导发脾气，下属一言不发也绝非万全之策。当需要解决问题时，面对领导怒气冲冲的质问，最好的办法是拿出事实和行动来。

事实胜于雄辩，行动胜于表白。

如果你的工作的确出现了失误，在领导发火之余，你一定要积极地展开行动，使错误得到补救和改正。这说明，领导的话已起了作用，这可以说是领导最好的"败火剂"和"清凉剂"。

如果你是受了委屈，并且可有确凿事实或材料加以证明，那你不妨坚持一下自己的看法。用事实而不是解释来证明自己。但要注意，下属一定不要暴跳如雷，针锋相对，而是要沉静自信，并且言简意赅。

在抗美援朝时期，志愿军的第五次战役就要开始打响了，第60军却从前线发来电报说，该军已进入战役发起前的待机地域，可是有的部队已断粮了，开始用衣服换粮食，请速补给。彭德怀司令员看罢电文，怒不可遏，他派人把管后勤的副司令员洪学智叫来，把电报扔给他，说："你这个洪学智怎么搞的？仗还没打就让部队饿肚子，怎么得了！"洪学智却很冷静，他很有把握地表示："这个电报情况反映不准确。"彭德怀更加愤怒了，他反驳道："60军那边明明缺粮食，部队都开始拿衣服换粮食吃了，怎么不缺粮？总攻马上要开始了，你说这个仗还打不打？你误了我的军机呀！"洪学智仍坚持说60军有粮，并要派人调查。彭总派自己的秘书一同前往。到了前线，第60军军长一脸歉意地解释："我们还有3天的存粮，电报反映的情况不准。"在总部的彭德怀司令员听到这个消息后才放心，后来，他送了一个梨送给洪学智，笑着说："我错怪你了，送给你一个梨，吃梨，吃梨，我给你赔个梨（礼）！"一场误会烟消云散。

可以说，这件事的妥善处置是与洪学智将军冷静自信，用事实来说话的应对办法分不开的。

有效解决与领导的分歧

上下级之间意见分歧的处理，确实是一门艺术，需要下属具备一定的心机和技巧。

下属与领导发生分歧，第一要做到服从领导并予以积极的准备和执行，第二要做到当面提出不同意见并注意时机、场合、分寸和方法。要坚决杜绝背着领导表示异议和不满。

世界上没有相同的两片叶子。其实，对于人们彼此的观点也可作此论断。同一件事，由于人们的世界观、立场、经历、利益等的不同，就会出现各不相同的看法。确切地说，如果有时人们能够达成一致，这种"一致"也只能是一种大致的相同，而非完全相同。可以说，下属与领导发生意见分歧是最平常不过的事情了。但是，上下级之间意见分歧的处理，却是一门艺术，需要下属具备一定的心机和技巧。

在处理下属与领导的分歧方面，下面两点是很值得注意的。

1. 当面提出不同意见

当下属与领导有分歧时，最忌讳的就是把意见当面掩藏起来，却在背后发牢骚、表不满。这是毛泽东同志所说的"党八股"症状之一："当面不说，背后乱说；会上不说，会后乱说"，历来为领导者所深恶痛绝，列入邪道一类。

背后谈论你与领导的分歧，无助于问题的解决。因为你是通过非正式途径来表达和传播你的意见，它不能完整、准确地将你的意思输送到领导那里，你也不能与领导进行互动式的交流，因此，你也很难通过各种说服手段来打动领导，促成问题的解决。

另一方面，背后非议领导的方案，容易让领导反感，他会认为你在耍阴谋。而最可怕的是，他可能视你为"两面三刀"之人，领导前一套，领导后一套；心下便生了不满和防范，这对下属是极为不利的。

所以，无论你作为领导助手，在领导班子的决策过程中，对某些方案有不同意见；还是你作为普通的工作人员，对领导作出的某些决定、结论持有异议，你都应该当面提出来。一方面，帮助领导掌握真实情况，权衡利弊，从而维护自己的切身利益和工作大局；另一方面，也有利于与领导交流信息和思想，从而找到一种更为周全的方案，弥合分歧。

然而，当面向领导提出意见，也是需要技巧的，最重要的是要防止领导的猜疑，使他感到你的忠心以及对领导、对工作负责的态度。下面这三条建议供你参考：

第一，私下进言。

在公开场合与领导表示分歧，这无疑会被领导认为这是对他本人的不尊重，甚至是对他的权威和领导地位的挑战，因而效果不好。而且，有些话是不宜在公共场合敞开来谈的，私下的交流更容易有实质性的沟通和深入的进展。

第二，选准时机。

下属选择的进言时机，应该是对论证自己的意见最为有利的时候，只有这样，你才更能说服领导，影响到他的决策。

当一项决策已正式公布并准备付诸实施时，你该如何选择时机去表达异议呢？

正确的方法是，先等待、观察一阵子，然后再根据实践中的问题，选择典型事例，以促使领导修正原有决策或作出新的决策。

我们之所以要等待、观望，这是因为，当决策已公布并已着手实施时，各种人、财、物都作了一定的动员和准备，对领导来

说，此时接受外对意见，你等于泄众人之气，扫自己之威，因而
他是决不会更改自己的立场的。相反，他对你的进言会持一种否
定态度，把你视作执行决策的阻力。而当事态发展到一定阶段，
矛盾已有相当暴露时，选择一两个具有代表性的负面材料，就会
引起领导的注意和深思。

第三，注意分寸和方法。

进言的基本原则就是，只针对工作，不针对人。要达到的客
观效果是，让领导觉得你是诚恳而善意的，而绝非是反对他、拆
他的台、居心叵测。采用的基本方法是，以事实为依据，辩解从
其次。

2. 服从领导，态度积极

一旦领导决心已下，并作出了明确的指示和相应的部署，下
属在提意见的同时，则必须以积极的态度去贯彻执行。

道理很简单。因为领导掌握着决策权，并且由他来承担相应
的责任。而服从领导是每一个下属都应尽的职责和义务。

试想，当你提出异议时，领导就已对你的立场、动机和态度
有所怀疑。而你在行动上又持一种消极态度，这不是明显地表示
你对领导的不支持、不尊重和不忠诚吗？所以，有头脑的下属都
懂得，即使是自己持有保留意见，对于已作出的决定还是要坚决
服从的，不仅要积极准备，还要积极执行。要知道，领导此时正
把目光盯向你的一言一行呢？

我们许多老一辈的革命家就非常注意这方面的问题，在提出
意见和坚决执行之间把握一种平衡，显示出了高超的处理领导与
被领导关系的艺术。

1948 年 1 月，粟裕接到中央军委的指示，要他率华东野战军
第 1、4、6 纵队渡江南进，在江南执行机动作战任务，以吸引江北
的敌军回转，从而减轻中原我军的压力，迫敌于更加被动的局面。
粟裕马上意识到，这是一个关系全局的重大决策。他一面积极准
备渡江事宜，另一方面认真考虑着如何实现中央的战略意图。通

过全局性的分析以及对前线情况的实际掌握，他认为，渡江南进虽会对敌造成威胁和牵制，但并不一定能达到吸引敌军主力回防、减轻中原我军压力的目的。相反，此时十万大军渡江，会削弱我军在中原的力量和优势，增加作战困难，使我军难以在短期内打掉敌人的优势，从而不利于全国的解放。于是，粟裕建议暂不渡江南进，在江北集中力量打几个胜仗，尽可能多地将敌军主力歼于江北，并详细陈述了理由。

中央军委对他的意见十分重视，并电令他与陈毅一起前往中央当面汇报。最后，中央军委接受了他们的意见。实践证明，粟裕的意见是完全正确的，对淮海战役及渡江战役的胜利都起到了相当积极的作用。

粟裕将军在处理与上级意见分歧方面，既注意积极的执行，又注意正面提出意见，收到了很好的成效。其做法十分值得我们借鉴。

灵活地处理领导的冷落

> 处于事业低潮期的人更要调整好心态，积极地、有策略地生活，为迎接光明创造条件。

当受到领导冷落时，下属应区别对待。这里为你提供四种策略，它们是：调整心态不消沉；增长才干备将来；增加接触显才干；巧用计谋图发展。

人生不可能永远处于巅峰，有得意就有失意，有得宠就可能会有失宠。可以说，"一张一弛"是人生之常理。所以，关键就在于我们的态度和对策。

的确，被领导冷落不能算作是人生之幸事，其滋味肯定是不好受的。但是，无论是抱怨，还是消沉都是没有用的，处于事业低潮期的人更要调整好心态，积极地、有策略地生活，为迎接光明创造条件。

1. 调整心态

现在，无论是新闻出版界，还是学术界，都在谈论一个"情商（EQ）"与"智商（IQ）"的问题。一个重要的观点就是，一个人的成功，智力因素也许并非是最重要的，而情感因素，如情绪、意志、性格、热情等却往往对人的成功产生至关重要的决定作用。其实，人的心态问题就应属于"情商"的范围，大凡事业有成者都是善于调整自我的高手，即使是在逆境中也能把握自我，保持心态的某种平衡。

既然受到冷遇已成为一个事实，最高明的办法莫过于坦然地接受它，并努力使自己的心态做到平和，不但不为逆境所困扰所挫伤，而且还能化不利为有利，使自己的精神永远不被打败。

曾国藩在第二次回家奔丧时，可谓正是处于人生的低谷期。在《曾国藩·野焚卷》一书中，作者生动地描绘了曾国藩当时的处境：

"江南大营在源源不断的银子的鼓励下，打了几场胜仗，形势对清廷有利。咸丰帝便顺水推舟，开了他（注：是指曾国藩）的兵部侍郎缺，命他在籍守制。曾国藩见到这道上谕后，冷得心里直打战，隐隐觉得自己好比一个弃妇似的，孤零零，冷冰冰。"

曾国藩曾因此而时常生病，心绪差到了极点。但后来，他经过一位丑道人的指点，授其"岐黄医世人之身病，黄老医世人之心病"的话的开导，开始重新研读《道德经》、《南华经》，终于大彻大悟，领悟到其中的种种玄机奥妙。由此，曾国藩从百思不解的委屈苦恼中解脱了出来，身心日渐好转。

等后来，曾国藩又获得出山的机会时，他的身心状态已是大不一样，事业蒸蒸日上，终留功名于史册，令后人惊叹不已。连少年时代的毛泽东也曾说过，天下人物我"独服曾文正公"。

这告诉我们，调整心态是多么的重要，它绝非是一时的权宜之策，而是今后建功立业所不可或缺的修行。失意会给你一个使你变得更加坚强的机会，而这种坚强又是一个人事业有成的重要因素之一。

2. 韬光养晦，增长才干

受领导的冷落，并不意味着你的一生都失去了发展的机会，若想到这一点，你就应为迎接这种机遇而做好最充分的准备。而最好的准备莫过于武装自己，充实自己，增长自己的才干。

而有的时候，你不能得宠，可能确实是因为你的工作能力不佳，不能够胜任领导分派的工作，或不能与领导形成心有灵犀的合作关系。此时，你就更应该为自己补补课了。在受人冷遇的日子里，你可以从繁忙沉重的工作负担中解脱出来，拥有一片闲适的自由空间。在此期间，你可以去上夜大、考取一项职称、读读史书或者去完成一项你思虑已久却没空去做的任务。只要你不颓废，不绝望，用心去做，你会收获非常多的东西。

美国前总统尼克松曾两次竞选失败，但他并未因此而气馁。在经受失败煎熬，得不到权力中心的重视的日子里，他认真总结了自己的经验，并积极展开各种政治交往活动，终于最终登上了总统的宝座。乃至另一位美国的前任总统曾评价说："在美国历史上没有一个人为了履行总统职责，曾经作过这样周到的准备。"

3. 增加接触

有许多时候，领导冷落某一个下属，是因为他不大了解这个人，不能深入地知道下属的才干，或者对下属的忠诚没有把握。因此，在你尚未得到重视之前，是很难得到领导的重用的。很多时候，这就是下属被上级冷落的一个原因。

属于这种情况的，下属就应该采取主动措施加强与领导的沟通和接触，或者注意提高自己的知名度。有意识地去寻找与领导交流的机会：请教一个问题、提出一个建议、与领导聊天……同时，你不妨在某一领域一显身手，如跳舞、书法、写作，从而引起领导的注意。甚至你可以通过增加在领导面前出现的频率来增加他对你的印象和兴趣，从而为交流奠定某种心理基础。

4. 使自己变得重要

当下属确实有能力，却又得不到青睐，怎么办？在目前这种竞争激烈的环境下，对有些同志来说，等待的代价似乎太大了。此时，下属就不妨开动一下脑筋，运用智慧和技巧，借以提高自己的重要性，使领导不敢或不能忽视你。

当然，如何用谋、采取何种技巧必须要因时因势而定，这取决于你的人际关系力量、你的能力与特长以及你所遇到的机遇，这里并不存在一成不变的模式。但是，学会与领导斗智，有时的确会让你受益匪浅。

在现代社会，"酒香不怕巷子深"的时代早已过去，下属必须学会使用技巧，使自己的重要价值被领导重视，从而使自己走出事业的低谷，获得领导的青睐与赏识，在人生盛年做出一番成就来。

巧妙地化解领导的嫉妒

真要做一番大事，就应该培养自己的胸襟，容忍和体谅领导的妒意。

下属受到领导的妒忌，可采用以下办法解决：一、以德报怨，帮助领导；二、以惠报怨，拉拢领导；三、表示尊重，安抚领导；四、实施心理补偿。

嫉妒是人类的天性，嫉妒会产生邪恶。无疑，当握有权力的领导对你产生嫉妒时，你肯定会因此而大吃苦头，为此付出代价。

因此，下属受到领导的嫉妒，一定要想办法解决好，虽然你不一定能消除领导心中的妒火，但是，你可以使它降低到某一水平，从而使你能够安心工作，干出一番事业来。下面这些建议或许对你有用：

第一，以德报怨，帮助领导。

一般下属有才干、有成绩，才会引起领导的嫉妒。如果下属真要做一番大事，就应该培养自己的胸襟，容忍和体谅领导的妒意。

明智之举是，下属佯装不知，安心工作，不但不对领导的嫉妒进行报复，反而真心诚意地帮助领导，使他不断地提高水平，干出成绩来。

有时，真诚会在时间之河中，像清凉的泉水熄灭领导心头的妒火。眼界开阔，有学识、有教养的领导多半会对此有所善意的回应。

第二，以惠报怨，拉拢领导。

领导之所以嫉妒下属，是因为下属得到了自己得不到的东西。一般，人们是不会对那些自己不屑或不齿一顾的事物产生嫉妒的。所以，下属若有所成绩，一定不要忘了拿出一部分与领导分享，使他感到，如果继续损害你，其实就等于是损害他自己。

自然，我们所说的施惠于领导，绝非是指行贿。其实，"惠"的内容是很广泛的，既包括实物性的东西，也包括名誉、成绩等非实物性的东西。让领导也得到好处，就会大大减少他对你人为的阻碍。

有位机关里的干部，擅长书法，因而在社会上结交了一批人，并被选为当地书法协会的秘书长。一时间，名声很大，社交活动也多了起来。结果，他的领导就到处讲他不务正业，不安心工作，有时还故意出些难题来对付他。这位干部很苦恼，苦恼之余求助于一位经验丰富的长者。长者面授机宜，这位干部依计而行。

这位干部设法邀请他的领导参加了一次书法协会的聚会，在聚会上，这位领导结识了许多有名望的人物。接着，这位干部又把领导的儿子送到了一个书法培训班，自己也不时地加以指点。渐渐地，领导感觉到了其中的好处，便对他不再说什么了，相反，他还设法加入了这个协会，因为协会里的不少人对他而言都是一笔不可忽视的人际财富和社会资源。

第三，表示尊重，安抚领导。

有许多时候，领导妒忌下属，是因为他感到自己受到了下属的威胁。下属超过自己的才干、下属出众的成绩、下属良好的名声等，都可被视为是对领导权威的一种潜在的威胁和挑战。作为一种心理安全的需要，他就会设法打击和削弱自己的潜在对手，不断地给下属找麻烦、出难题。

因此，下属要努力做到使领导"放心"、"安心"。一个比较好的办法就是，在公开场合支持领导、尊重领导、有意地突出领导的成绩和能力，而对自己的成绩则以低调处理，甚至不惜分出一半功劳给的领导。在这方面，人们最惯常的用语便是，"离不开领导的支持和鼓励"、"在××领导的正确领导和部署下""没有××领导的关怀与支持，就没有我今天的成绩"……虽然这些话有点儿落于俗套，但它确实能起到突出领导权威、表达自己尊重领导的作用，因而也是长盛不衰，被人们广泛地运用、不断地重复。

一旦领导感到了自己的权威性，其敌意便会相对减弱，这对下属来说，日子就要好过得多。

第四，实施心理补偿。

嫉妒之所以会发生，是因为它打破了人们心理上的平衡，产生了失落感。作为对这种失落感的补偿，嫉妒之情油然而生。

针对嫉妒的这种发生机理，对领导施加某种心理暗示，进行心理补偿，也会起到减轻领导的妒意，使他达到心理自我平衡的目的。

领导绝非一无是处，必然有其引以为骄傲的地方。下属就应该抓住这些东西，表达自己的羡慕，进行赞扬，从而使领导产生一种满足感，觉得没有必要、没有理由去嫉妒自己的某一个下属。

一次，某单位的小王因为成绩突出，而在全机关的表彰大会上大出风头，引起了众人瞩目。相形之下，其领导却被冷落了。

散会后，小王的领导不无妒意地拍着小王的肩膀，笑问："感觉不错吧？"

小王很机敏地回答说："从没见过这么大的场面，心里紧张得要命。要能像您每次在台上那么镇定自若就好了，您有什么秘诀呀？"

此时，领导心中不禁觉得好笑，精神大为放松，态度明显地恢复了正常。

可见，无论是领导者，还是被领导者，都是应该研究一下心理学的。

及时化解上下级的误解

对待领导误解最明智的态度就是，及时、主动地去消除它，不让它成为定形之见，不去消极回避和等待。

上下级之间一个最常见的矛盾就是彼此之间存在着误解和隔阂。

误解缘何而生？这是非常复杂的问题，因为它涉及人的心理活动的复杂性。嫉妒、多疑、防范、自负甚至是对你过度的喜爱，都能诱发领导心中对别人的不信任感，导致种种误解。对于领导复杂个性的了解，我想只能留给读者去细心体察了。这里，我想探讨的是产生误解的一般性原因或者说客观性原因，这就是：上下级之间存在着信息不完全或沟通不足的问题。由于下级和领导间缺乏足够的交流，彼此对对方的情况没有一个较为清晰的认识，所以在判断事情上加入了更多的主观色彩和心理因素，导致对对方的不客观认识和推测。

一般而言，我们可以把下属与领导之间产生的误解分成两个方面，一方面是领导对下属的误解，另一方面是下属对领导的误解。下面，我们将针对这两种情况，有区别地加以对待，并指出相应的对策。

1. 领导误解了下属怎么办

领导误解了下属，有其主观上的原因，更有客观上沟通不足的原因；领导处于一个中枢性的岗位，事务繁重，责任重大，他可能通过各种渠道，如人事档案、他人的汇报、平时的印象、特殊的考验而对你有所了解，但一般而言，他不会主动去找自己的下属进行沟通，这样，他便缺乏对你全面、直接和感性的认识，容易受他人意见的蒙蔽、本人直觉的左右和主观判断的影响，从而对你的言行产生认识误差。

下属对待领导误解最明智的态度就是，及时、主动地去消除它，不让它成为定形之见，不去消极回避和等待，也许正在这段黑暗的日子里，好的机缘与你擦肩而过，让你悔之莫及。

对此，本书为你提供两条建议：

第一，主动沟通，积极接触。

俗话说：理不讲不清，话不说不明。既然领导已明显地表露出他对你的某些看法，而且他不可能会主动找你谈心，那么，你就应该主动地走上前去，找准机会，向领导展示你的真实个性和真正意图，使领导能对你有一个较为全面的了解。有些话憋在肚里就会产生敌意，而一旦谈出来就会化为轻烟而散。借此良机，你还可趁机表现自己的才干和忠诚，从而使领导对你的看法有一个巨大的转折和飞跃。

在必要的时候，下属还不妨针对领导对自己的误解坦白地来谈，这样既能直指关节要害处，把结成的扣子解开，又能为彼此的交流创造一种坦诚、公开的气氛，从而有利于解决问题。

此时，你一定要显示自己的真诚，向领导多提供一些正面的信息，培养自己在领导心中的良好形象；同时，对自己一些缺点也不妨勇敢地承认，以便使领导能充分感受到你的真诚和坦率。特别是对领导业已指出或有所察觉的缺点，更是要承认，同时你也不妨为自己表白几句，加上几句辩护。自然，最后你定要表示改正的决心，这样会让领导有权威感。

第二，佯作不知，用行动表白。

无论是在政治生活中，还是在人际关系中，有些事情是很难用语言来表达的，或者不宜于说破。有时，知而佯装不知，"难得糊涂"，反而会比洞察秋毫，反应敏捷要好得多。古语中："世人皆醉，何吾独醒？"说的就是这个道理。因此，有时下属觉察到领导对自己有了某种误解，你也不妨装作不知，以"大智若愚"、"问心无愧"的态度对待之，并抓住机会用实际行动来证明自己，消除领导的误解。

汉初时的萧何就善于以行动来释去皇帝的猜疑，最终得以功名保全。

楚汉战争中，汉高祖刘邦亲自带兵征讨项羽，萧何则以丞相身份留守关中，督办粮饷、士卒事宜。由于萧何的动向关系到战争的成败，加之萧何在关中一带治理有方，深得民心，于是，刘邦便起了疑心，数次派人来"犒劳"萧何，实际上是探听其态度。聪明的萧何自然明白其中的含意，他知道刘邦肯定对自己产生了误解，对自己的忠心有所猜疑。

但是，萧何并未采取上疏刘邦，直言其事的方式来表达自己的忠诚，因为这样的做法并不能使刘邦释疑，反而会造成"此地无银三百两"的不良后果。萧何采用的方法是，不动声色，却用行动来表白自己的忠心。他把自己的子弟送到了刘邦身边，说是要为刘邦建功立业，实际上是去做刘邦的人质。刘邦明白了他的心意，疑云尽散，又恢复了对萧何的信任。

2. 下属误解领导怎么办

不但领导可能会误解下属，有时，下属也会对领导产生误解。这是因为，二者所处的位置、考虑问题的角度、掌握的信息以及价值标准都存在着一定的不同。因此，领导言行中发出的信息不能够为下属所准确地理解，从而造成了种种误会。

下属误会了领导，其种种想法可能是深藏于心底的，并未在言行上加以暴露，因而可能并不为外人所知或为领导所察觉。此时，你知道自己误会了领导，最好的方法就是不动声色，言行照旧，让别人不能了解到你内心的这些变化，而在内心上你却可以从容地调整自己的"外交战略"和应对策略。

而当你对领导的误解已转化为牢骚、不满、怠工甚至是对抗时，由于你的敌意已为领导所感受，这样，不动声色转变态度的方法就不可行了。"解铃尚须系铃人"，我建议你在下面两个方面采取行动：

第一，主动沟通，当面道歉。

下属应当主动去找领导，坦率地讲出过去的误解和得知真相后的心情，并当面表达自己真诚的歉意和支持领导工作的决心，力求消除领导的误会和猜疑。要知道，当你因对领导有误解而产生敌意的言行时，许多时候领导可能并不知道其中的原因，他也可能因猜测而对你产生种种误会和敌视言行。所以，下属一定要讲明原委，以真诚的力量化解领导心中的坚冰。一旦把问题讲清楚了，领导多半不会再凭空树敌，他会很欣然地接受你，并有兴趣进一步了解你，甚至有可能使你们彼此的关系发生重大的转折，迈上一个新台阶。许多小说中的故事都证明了这一点。

第二，做几件实事。

固然，真诚、坦率的交流有助于双方解除误会，但是，如果没有行动作支持，便会有新的误会产生，甚至领导会对你的动机产生怀疑。

所以，下属一定要采取实际而有效的行动，使领导感受到你对他的支持和拥护。一个支持性的举动，会增强你保证的可信度，拉近你与领导之间的情感距离；而缺乏这样一个举动，你的保证的可信度就会逐渐降低，甚至成为负值，相应地你们彼此间的误会则会进一步扩大。因此，下属一定要重视行动，把握时机，甚至不惜付出损失某些切身利益的代价来表示自己的支持。也许今天你损失了"一笔钱"，但以后你会每天都收到"利息"。

积极挽回各种不利局面

> 得罪领导无论从哪个角度来说都不是件好事，只要你没想调离或辞职，就不可陷入僵局。

如果觉得自己得罪了领导，首先应准确判断领导是否果真是看你不顺眼，但不要过于敏感。假如你不再被委派许多事务，尤其是有挑战性的任务，或不再被邀请参加与你的位置相称的办公会议了，这时候你同上级的关系就有待改善了。

处理这些问题，第一步可以由你的良师益友或别的什么人替你调查一下。你还可以直接走到他或她面前说："我不知道发生了什么事情，您是否能解释一下呢？"然后洗耳恭听。当上级讲完后，你再说："现在我对情况更加了解了，为了扫除障碍，我想我们可以这么办。"注意要把焦点放在能够干些什么来改善关系上，不要责备任何人，也不要提到任何有关导致危机原因的话题。你还可以把下一项任务干得特别出色，或去干没有分配给你但你知道领导很希望办好的事情。假如隔阂并不太深；你可以采用另一种策略，如安排你到办公室以外工作一段时间，在你和上级之间分开一段距离。这或许能融洽暂时疏远的情感，还可以改善正在恶化的关系。

不管谁是谁非，得罪领导无论从哪个角度来说都不是件好事，只要你没想调离或辞职，就不可陷入僵局，以下几种对策可为你留有回旋的余地。

1. 不要寄希望于别人的理解

无论何种原因得罪领导，我们往往会向同事诉说苦衷。如果失误在于领导，同事对此不好表态；假如是你自己造成的，他们也不忍心再说你的不是，更有居心不良的人会添枝加叶后反馈回领导那儿，加深你与领导之间的裂痕。所以，最好的办法是自己清醒地理清问题的症结，找出合适的解决方式，使自己与领导有一个良好的开始。

2. 找个合适的机会沟通

消除你与领导之间的隔阂是很有必要的，最好自己主动伸出"橄榄枝"。如果是你错了，你就要有认错的勇气，向领导作解释，表明自己会以此为鉴，希望继续得到领导的关心。假若是领导的原因，可以在较为宽松合适的时候，以婉转的方式，把自己的想法与对方沟通一下，你也可以以自己的一时冲动或是方式还欠周全等原因，请领导谅解，这样既可达到相互沟通的目的，又可以替其提供一个体面的台阶下，有益于恢复你与领导之间的良好关系。

3. 利用一些轻松的场合表示对他的尊重

即使是开明的领导也很注意自己的权威，都希望得到下属的尊重，所以当你与领导发生冲突后，你不妨在一些轻松的场合比如会餐、联谊活动上，向领导问个好，敬杯酒，表示你对对方的尊重，领导会记在心里，排除或是淡化对你的敌意。这样做，同时也向人们展示了你的修养和风度。